女医だけが知っている

# となりのSEX白書



永岡書店

# はじめに

私たちは、「健康」というと、どうしても体の状態だけに目を向けがちです。たしかに病気も怪我もせず、日常生活が制限なくすごせることはとても尊いものです。しかし、それだけが健康のすべてでしょうか。

人は誰しも、愛されたい、触れ合いたい、温もりを感じたいという自然な欲求を持っています。そして、それは決して恥ずかしいことではありません。むしろ、人間らしく生きる上で、とても大切な要素です。

セックスは単なる肉体的な行為ではありません。セックスは心を通わせ、相手との絆を深め、お互いの存在を確かめ合う、かけがえのない営みです。たとえ足腰に痛みを覚えたり、勃起力に不安が生じたりしても、心が満たされ、誰かと温かくつながっていられること。それこそが、本当の意味での「健康」なのではないでしょうか。

もちろん、パートナーがいない方もいるでしょう。しかし、それは決して不健康だということではありません。マスターベーションを通じて自分の体と向き合い、大切にすることも、立派な健康管理のひとつです。

医療技術の進歩により、体の不自由さを補う方法は確実に増えています。性機能の面でも、ＥＤ治療薬や陰圧式勃起補助具、ホルモン補充療法など、「生涯現役」を叶える手段は日々進化し続けています。大切なのは正しい知識を携え、自分に合った方法を見つけ、生き生きとすごすこと。その積み重ねが性的な面も含めた「トータルな健康」につながっていくのです。

この本では、皆様からよく寄せられる性にまつわる疑問や質問、お悩みを計１００問、集めました。順番に読み進めても、気になる箇所から読んでも構いません。本書が、皆様の人生をより豊かに、より健やかにするための一助となれば、著者として、これ以上の喜びはありません。皆様のこれからの人生が、さらに輝かしいものとなりますように。

富永ペインクリニック院長　富永喜代

# 目次

# 第3章　男性だけが知らない オンナの性学Q&A

## 第4章 人生が豊かになる 大人の性技テクQ&A

## 第5章 精力がアップする 生活習慣Q&A

# 第1章

# 医学的に正しいヘルスケアとしてのセックス

# 世界でも注目が集まる「ヘルスケアとしてのセックス」

## ●性はヘルスケアに直結する「生きる根幹」

性は人の生きる根幹です。

肌を重ね、相手を慈しみ、ふたりの心が通じ合ったときに得られる幸福感や充足感、解放感は、他の行為では味わえない価値があると考える方も多いでしょう。性はきわめてプライベートな「聖」でもあり、その人の尊厳に深く関わるものです。

そもそも性行為がなければ私たちは、この世に生を受けることはありませんし、次世代に生命をつなぐこともできません。

**性は「生」であり、「聖」である――性は生きるための活力で、私たちの心と体の健康、つまり「ヘルスケア」に直結します。**

しかし、日本ではこれまで長い間、性はいやらしいものとされ、「下ネタ」の文脈でしか語られることがありませんでした。

特に中高年の性はタブー視される風潮にあり、「いい歳をしてはしたない」「じいさん、とうとう色ボケか」などと揶揄《やゆ》されてきたものです。令和になり、徐々に性がオープンに語られるようになった現在ですら、この風潮は根強く残っています。

## ●人生100年時代の中高年の性

私たちは、人生100年時代ともいわれる未曾有《みぞう》の高齢社会を生きています。男女ともに平均寿命は80歳を超え、健康寿命も延びてきました。人々の健康寿命が延びれば、当然それだけ「人生の選択肢」が増えてきます。

子育てがひと段落し、夫婦生活をより充実させたいと思う人。パートナーと死別し、ふたたび「おひとりさま」として生きていく人、新しいパートナーを探す人。結婚生活にピリオドを打つ人――さまざまな人生の岐路を前に、口にこそ出さないものの、**「人生後半戦、まだまだセックスを愉しみたい！」と願う中高年が大勢います。**

中高年以降の性の愉しみ方を知りたい、加齢で変化する体の正しいメンテナンス法を知っておきたい、パートナーとの成熟したコミュニケーションを築きたい……そんな願いが、日々私の元にも寄せられています。

しかし、日本において正しい性の知識、いわば**「大人の性教育」は十分に広まっているといえません。**あなたは、性器が「劣化」することを知っていますか？ 20〜60代女性の約6割が性交痛に悩んでいることを知っているでしょうか？

アダルトコンテンツの演出を真に受けた結果、図らずしもパートナーを傷つけてしまう人、正しいセルフケアを知らず、性器を「劣化」させてしまう人、勃起不全（ＥＤ）に悩んでいても、適切な治療法にアクセスできない人も大勢います。

性に対する切実な悩みを抱く人たちに向けて、私はユーチューブや著書で繰り返し、正しい性の知識を発信し続けてきました。

## ●世界で注目されている「セックスと健康」の関係

ここまで日本における中高年の性の現状を述べてきましたが、世界に目を向けるとどうでしょう。

日本では「いやらしいもの」「エッチなもの」とされてきた性やセックスですが、いまや各国のさまざまな研究によって、**セックスは健康面において良い影響をもたらす**ことが報告されています。

これはなにも「セックスしていると、気持ちが若々しく保たれて、生き生きしているように感じる」といった精神論ではありません。セックスは私たちの心と体の健康にとって、とても有益で欠かせない行為であるということが、さまざまな研究で明らかになっているのです。

ここからはセックスがもたらす健康面でのメリットについて、いくつかご紹介していきましょう。

まず、セックスは私たちの寿命そのものに直結します。

テルアビブ大学の研究（＊1）では、狭心症や心筋梗塞などにより心臓発作を起こした人の中で、セックスを週1回以上している人は、まったくセックスをしていない人と比べて死亡率が半数以上も低くなるという結果が出ました。

この研究の対象者の中央値は53歳と比較的若いため、より高齢の方にはこの結果が当てはまるとはいい難いものの、パートナーがいて、安定した性生活を送っていることは、寿命にも直結していることがわかります。

## ●セックスは免疫力を上げる

コロナ禍以降、「免疫力」という言葉を耳にする機会が増えましたが、**セックスが免疫力を強化している**という報告もあります。

私たちの唾液には、病原体やウイルスが体内に侵入するのを防いでくれる「免疫グロブリン（ＩｇＡ）」という免疫物質が含まれています。

米国の１１２人の大学生を、「セックスなし」「週１回未満」「週１～２回」「週３回以上」と４つの対象に調べた研究（＊２）では、セックスを週３回以上するグループはＩｇＡレベルが他のグループよりも有意に高かったという結果が得られました。

セックスでは、キスやフェラチオ、クンニリングスなどの口を介する行為がありますが、これらは「自分以外の舌や性器が体の中に侵入してくる行為」です。つまり免疫システムが発達していないと、セックスは他人の病原体やウイルスが自分の体に侵入しかねないリスキーな行為ともいえるので、週3回以上、セックスをしているグループの人たちは、おのずと免疫力が上がったのだと考えられます。

つまり、**セックスは「免疫力トレーニング」**にもなっているのですね。

## ●セックスの消費カロリーは「ゆっくりジョギング13分間」と同じ

無我夢中でセックスをしていたら、いつの間にか汗だくになっていた……なんて経験のある方もいるでしょう。あるいはそこまで激しいセックスでなくても、セックスをした翌日、足腰が筋肉痛になったことのある方もいるかもしれませんね。

そう、セックスそのものが「運動」になります。

セックスの運動強度は、平らな場所を速足で歩くのと同じくらいといわれています。また、日本人男性の平均体重（67・4kg）で30分セックスしたときの消費カロリーは約95kcalという報告も（＊3）。これはジョギングをゆっくり13分間ほど行った場合と同じくらいの消費カロリーです。

また、セックスをすることで「骨盤底筋が鍛えられる」という報告（＊4）もあります。

骨盤底筋は、骨盤の底に、尿道・性器・肛門を取り囲みハンモックのように存在する筋肉です。そしてこの骨盤底筋は加齢や運動不足とともに緩んでしまいます。男性の場合、骨盤底筋が緩むと、勃起の角度が落ち、勃起をキープできない「中折れ」の原因にもなります。

しばしば「セックスは心臓に悪いのでは？」「あわや腹上死をするのでは？」と心配する方もいますが、国内外の研究結果をみると、オルガズムで死亡する可能性は非常に低いといわれています。腹上死を恐れてセックスを控えるよりも、セックスをして、オルガズムを感じたほうが健康面のメリットが多いといえるでしょう。

運動は苦手でも、セックスなら続けられるという人にとっては、またとない朗報かもしれませんね。

## ●セックスで記憶力もアップする

**セックスは脳にも良い影響をもたらす**という報告もあります。

セックス後の人間の脳をMRIで調べると、記憶を司る「海馬《かいば》」という部位の血流量が増加していることがわかっています。このことから長年、「セックスのあとは記憶力に良い影響を与えているのではないか」と推察されていました。

そこで2013年、メリーランド大学の研究チーム（＊5）がラットを用いて実験を行ったところ、交尾後には海馬の神経細胞（ニューロン）の数が増加し、神経細胞を増やす能力も向上していたことが判明しました。

これはあくまでもラットを用いた実験ですが（さすがに人間の脳を開いて神経細胞を数えることはできませんよね）、ひらたくいえば、**セックスで記**

**憶力が向上する**ことが明らかになったのです。

ちなみに人間の場合、オーストラリアで50歳以上の6000人分のデータを分析した結果、「人との交流が深まる性行為が認知力低下を防ぐ」こともわかっています（＊6）。わかりやすくいうと、パートナーとの愛情深いセックスは、脳への健康効果も見込めるというわけです。

逆にいえば、一夜限りのスリリングな関係では、記憶力向上はさほど望めないということになります。

もちろん「今夜限りの関係なのだから、この記憶を留めておきたい！」と思うのも人情です。しかし、セックスの「行為そのもの」に集中するあまり、目の前の相手への配慮が及ばなかったり、気が回らなかったりして、結果として脳に良い影響がさほど及ばないのは、想像がつくと思います。

**ひとりのパートナーを大切に愛し、セックスを繰り返すことが脳に良い影響を与える**――なんともセックスとは奥深いものだと思いませんか？

## ●セックスは仕事のパフォーマンス向上につながる

「明日は朝から会議なんだよ……」

働き盛りの中高年ともなると、セックスよりも「明日の仕事」を優先したくなる人もいるでしょう。しかし、セックスが仕事にも好影響をもたらすとしたらどうでしょうか。

オレゴン州立大学の研究チームが、既婚者159人を対象にセックスが翌日の仕事にどのように影響するかを調べたところ、「仕事に前向きに取り組めた」「仕事の効率が上がった」「やる気が増した」などポジティブな効果が見受けられたといいます（＊7）。

セックスをすると人間の脳からは「ドーパミン」「オキシトシン」といった脳内神経伝達物質が出て、やる気や幸福感といったポジティブな気持ちをもたらすことは広く知られています。

そしてなによりそのポジティブな気持ちが「その場限り」ではなく、次の日まで続くとはちょっとした驚きです。たとえセックスそのものの時間が短くても、性的な充足感が社会生活、ひいては人生に与える影響は、とても大きいことがおわかりになると思います。

## ●マスターベーションで前立腺がんのリスクが低下

ここまでセックスがもたらす健康へのメリットについて述べてきましたが、「セックスをするパートナーがいないから……」とがっかりしなくても大丈夫です。

セックスだけでなくマスターベーション（オナニー）をすることでも得られる効果がたくさんあります。米国の調査（＊8）では、**月に21回以上射精する人は、月4〜7回の人に比べて前立腺がん発症率が2割ほど低下**していることが明らかになっています。

マスターベーションによって性的快感を得ることで、夜ぐっすり眠れたり、ストレスが緩和されたり、痛みが軽減するなど嬉しい効果はまだまだあります。これについては、112ページで詳しく取り上げます。

さすがに「免疫力を上げるぞ！」「認知機能をアップしよう！」と思ってセックスをしている人はいないと思いますが、セックスやマスターベーションがもたらすメリットは、単なる快感にとどまらないことがおわかりになったかと思います。

もちろん、自分の好きなタイミングで挿入し、ただ射精する……といったひとりよがりなセックスで、健康にまつわるメリットを得られるわけではありません。いまや相手の性的同意を得ない性行為は、たとえ夫婦といえども性暴力とみなされます。

目の前の相手を慈しみ、心と心が通い合うセックスが、結果として健やかな心身につながる——**セックスは人生100年時代における「大人の健康法」なのです。**

# 人生100年時代 セックスはいつまでできる？

## ●セックスの定年は自分で決める

「先生、セックスは何歳までできますか？」

ユーチューブ「女医 富永喜代の人には言えない痛み相談室」やFacebookコミュニティ「富永喜代の秘密の部屋」で発信をしていると、このような質問がしばしば寄せられます。

「死ぬまでセックス」「死ぬほどセックス」といった週刊誌記事の影響もあるでしょう。「セックスにタイムリミットはあるのか？」と気になる方が多いのだと思います。

**自分が「できる」「したい」と思ったら、何歳でもセックスはできる――**

これが私の答えです。

**セックスに定年はありません。**セックスをしたい人は何歳になってもすればいい。逆にしたくない人は、たとえ40代でも「卒業」してもいいんです。「〇歳でセックスしていたらおかしい」なんて他人の声に耳を貸さなくてもいい。あくまで決めるのは自分なのです。

## ●性器を「劣化」させないために

しかし、「よし！ いつまでも頑張ろう！」という気合だけでは、残念ながら生涯現役はかないません。

**性器は使わないと「劣化」します。**劣化という言葉にドキッとされたでしょうか。定期的なセックスやマスターベーション、適切なケアをしなければ、男性ならペニスが小さく縮み、女性なら膣が萎縮して挿入を伴うセックスができなくなってしまいます。

人間の体は不思議なもので、ケアをされずほったらかしにされると、「あ、この部分は、もう必要ないのね」とみなして使えなくなってしまいます。寝たきりになった人の足腰の筋肉が衰えてしまった……なんて話もよく聞きますが、これと同じように、ケアをされず放置されたペニスの組織は縮こまり、機能も低下してしまうのです。こうなると、いざ挿入を伴うセックスをしたいと思っても、なかなかうまく機能してくれません。

セックスやマスターベーションを長期間せずにいると、それだけ勃起する機会も少なくなってしまいます。医学的にいえば、ペニスの「陰茎海綿体《いんけいかいめんたい》」に血液が流れ込まない状態が続くことになります。

海綿体は細い糸のような血管がたくさん集まったスポンジ状のもので、陰茎海綿体は男性のペニスに左右一対ある海綿体のこと。ペニスの勃起には、この陰茎海綿体が深く関係しているのです。

性的刺激もなく、勃起もせず、ただ放置されたペニスの陰茎海綿体には、血液が送り込まれません。そうなると必要な酸素や栄養素が届かず、栄養不足に陥ってしまい、組織はどんどん硬くなってしまいます。この状態を「線維化《せんいか》」といいます。長い間、放置された台所スポンジがカチカチになって、水を含まなくなってしまうのをイメージするとわかりやすいでしょう。

線維化、つまり**ペニスの劣化を防ぐにはペニスの血流を促すことが欠かせません。**中高年にとってセックスやオナニーは単なる「エッチで気持ちいい行為」ではなく、**性機能を維持するヘルスケアとしての側面がある**のです。

## ●勃起力アップに励む96歳もいる

生涯現役を望む人が、性を愉しみ続けるためには、**なにより性器を劣化させないこと。**その手段はなにも挿入を伴うセックスだけではありません。ペニスを劣化させない心強い味方のひとつに「**陰圧式勃起補助具**」があります。

陰圧式勃起補助具については、86ページで詳しく取り上げますが、私がユーチューブなどでもよく紹介しているのが厚生労働省承認の「ビガー２０２０（以下ビガー）」です。シリンダーの形状をしたペニスポンプをイメージしていただくとわかりやすいかと思います。

このビガーは医療機器なので、処方には医師の診断が必要になります。そのため、富永ペインクリニックのオンライン診療には全国津々浦々、さまざまな方がビガーを求めて相談にいらっしゃいます。

過去には、お孫さんにスマホの設定を手伝ってもらいながら、オンライン診療を受ける92歳の男性がいらっしゃいました。92歳でＥＤ治療と聞いて驚く方もいるでしょう。

しかしつい先日、その記録が更新され、なんと**96歳の男性がビガーを購入**されました。お話をうかがうと、その男性は60代のパートナーに勧められたことから、勃起トレーニングの一貫として、ビガーを手に取ろうと決意したそうです。

日本性科学会セクシュアリティ研究会が長年行っている「中高年配偶者の性における男女差の変遷――中高年のセクシュアリティ調査から」によると、2022年の調査では「過去1年間に配偶者と性交渉があった」と答えた80代は男性が約21%、女性が約15%でした。マスターベーションに関していえば、「過去1年以内にした」と答えたのは、男性は約43%、女性は11%でした。

このような調査からも、何歳になっても性を愉しんでいる方は、しっかりいることがよくわかります。

## ●性は人生の満足度を左右する

繰り返しますが、セックスを「する/しない」は限りなく個人の自由です。しなくてはならない義務はありませんし、したくない人はしなくていい。しかし、「セックスをしたい」と思えば**適切なケアやメンテナンスを行うことで、年齢に関係なくセックスを愉しめる**時代に私たちは生きているのです。

性は「人生の満足度」にも深く関わっています。

帝京大学大学院の今井博久教授らによる2016年の研究「日本人の高齢男女におけるセクシュアリティと人生満足度」（＊9）では、性と人生の満足度の関係について日本全国の65歳から97歳までの男女624人を対象に調査しています。

この調査では**「性はコミュニケーション」「性は愉しい」「性生活は重要」と考えている人ほど、人生の満足度が高かった**ことが明らかになりました。

逆に「性的な関係そのものを望まない」と答えた人の人生満足度は低かったといいます。

また「配偶者に愛情を感じている」「夫婦としてのコミュニケーションが多い」と答えた人や、「配偶者と身体的接触がある」と答えた人も、同じように人生の満足度が高いことがこの調査では明かされています。

さらに「配偶者と同じ寝室で寝ている」と答えた人ほど人生満足度は高かったものの、性交渉（セックス）の頻度やその有無では、人生の満足度の差は見られなかったという結果も興味深いですね。

この調査は、シニアの性生活の実態を明らかにしただけなく、「性に対する意識」と「人生の満足度」がどのように関係するのかを学術的に明らかにした点で非常に画期的だと思います。これまで、日本ではシニアの性生活や性意識を調査したものは限られていたこともあり、この調査結果には世界中からの注目が集まっているようです。

**性に前向きであることが人生の満足度を高め、性を愉しめるかどうかで人生の満足度や幸福度が大きく変わってくる**――「性」は「生」であり、日々を生き生きとすごす活力としての「精」と密接に関わっていることが、この調査結果からもよくわかると思います。

# EDは大きな病気の前兆⁉
# 体からのサインを見逃さないために

## ●EDは「大病のサイン」

中高年の男性がセックスを愉しみたいと思う際、「壁」となるのが勃起力の低下です。思うように勃起しないことから、もどかしさや喪失感を抱える方も大勢います。また「男性としての自信喪失」にも深くつながっています。

EDの原因や治療法については第2章で詳しく取り上げますが、「ヘルスケアとしてのセックス」の観点からいえば、**EDを「歳のせい」と思ってしまうのは、大変危険**です。

なぜならば、EDはときに**「大きな病気の前兆」**でもあるからです。

## ●EDはペニスの動脈硬化

中高年のEDの原因として多いのが、血管の「詰まり」です。

性的な刺激を受けると脳からは「勃起せよ」という指令が下り、それが勃起神経に伝わってペニスの陰茎背動脈《いんけいはいどうみゃく》に血液が流れます。

しかし、ペニスの血管に詰まりが生じたら……当然、ペニスの陰茎背動脈に血液がうまく流れず、勃起には至りません。

陰茎背動脈に限らず、動脈の詰まりの主な原因がコレステロールです。**動脈は体に必要な酸素や栄養分を運んでいますが、動脈の壁にコレステロールが溜まって柔軟性を失った状態、これが「動脈硬化」**です。

動脈硬化は全身で起こります。もしも心臓の動脈が詰まると狭心症、脳の動脈が詰まると脳梗塞が起きます。そして**ペニスの動脈が詰まった場合に起きる症状がED**です。

動脈硬化の影響は、**細い血管から先に表れます。**

陰茎背動脈の直径は、わずか1～2㎜ほど。心臓の冠動脈は4～5㎜、頸《けい》動脈は8～10㎜といわれますから、体の他の部分の動脈と比べてとても細いことがわかりますね。つまり、心臓の太い動脈よりもペニスの細い動脈のほうが真っ先に動脈硬化の影響を受けるのです。

**ペニスの動脈が柔軟性を失っているということは、EDの人はすでに動脈硬化を起こしている、**または起こしかけているということ。「勃《た》たないな」と思ったら、心臓や脳など全身の血管の「詰まり」が起こっているかもしれません。

脅かすわけではないですが、セックスにまつわる体の変化を「下ネタ」や「いやらしいこと」と捉えてしまうと、ときに生命に関わる体からのサインを見過ごしてしまうことになりかねません。

第2章で詳しく取り上げますが、ＥＤ治療薬は血管を拡張させる薬なので、動脈硬化の人が飲むと心臓や血管の病気を予防できる可能性があることが、最近の研究では報告されています。

## ●性欲減退と密接に関わるテストステロン

ＥＤにならんで、中高年を悩ませるのは「性欲の減退」です。

精力的にセックスを愉しもうとする人と、「もう歳だから……」と諦めてしまう人――こういった違いはどこから来るのでしょう。

その要因のひとつに挙げられるのが、**性衝動を促す男性ホルモンのひとつ「テストステロン」**です。

テストステロンには、
①　筋肉・骨格の成長を促す
②　性欲・性衝動を起こす、勃起スイッチを入れる
③　前向きな思考・やる気・集中力を起こす
などの役割があります。

## 加齢と性ホルモン分泌量の変化

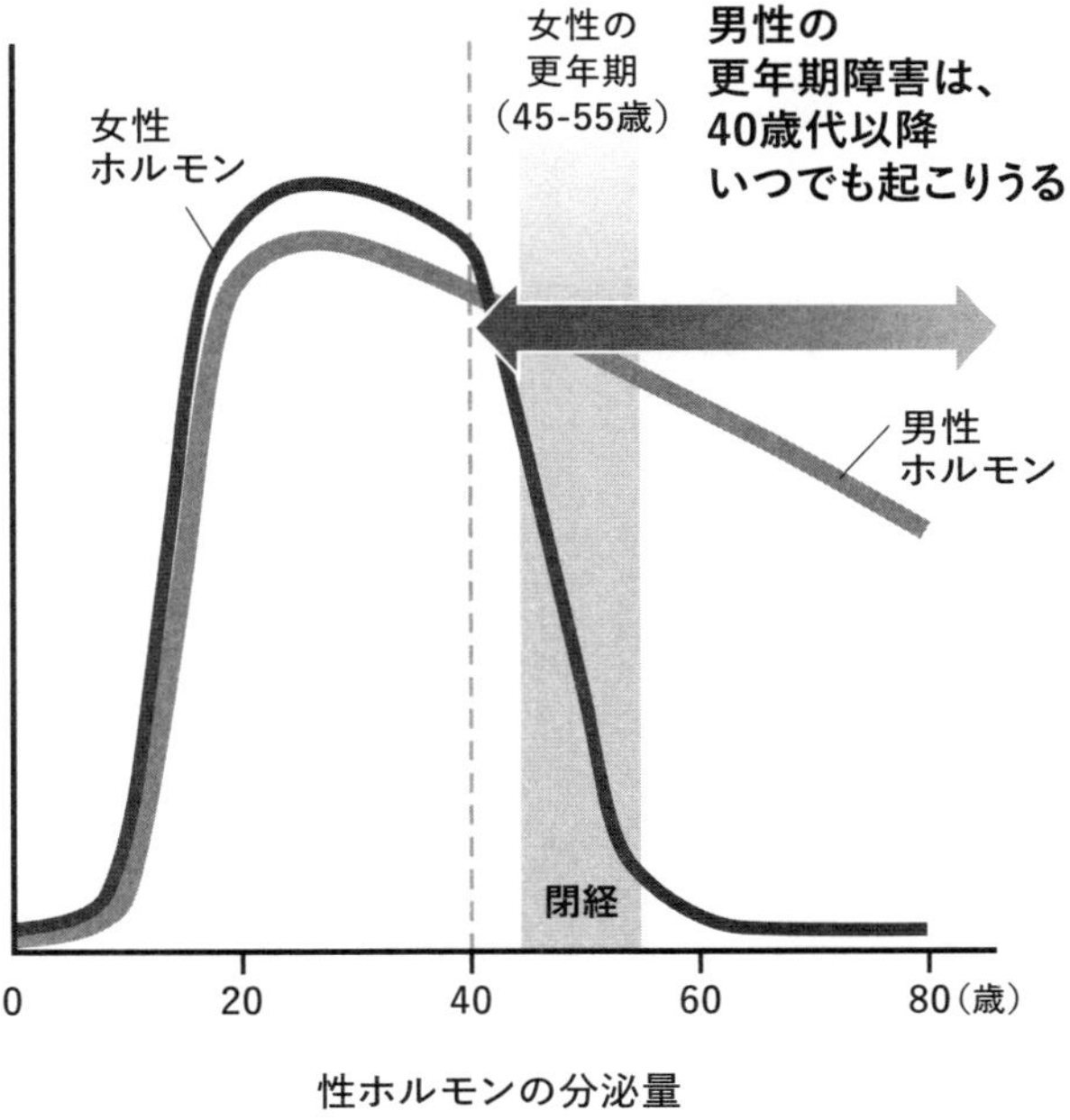


女性も男性も、年齢とともに性ホルモンの分泌量は低下します。女性は更年期を境に女性ホルモンは激減しますが、男性の場合、減り方はなだらかで、個人差が大きいのが特徴です。

出典:日本内分泌学会HP
https://www.j-endo.jp/modules/patient/index.php?content_id=71

## ●テストステロン分泌量は20代前半がピーク、その後は緩やかに減少

男性の場合、テストステロンのピークは20代で、その後は緩やかに減少の一途をたどります。ただし、精巣の機能が「停止」することはありません。

少し話はそれますが、女性の場合、いわゆる「女性らしい」体をつくるエストロゲンが分泌される卵巣には、寿命があります。

女性は、およそ50歳で卵巣の機能が停止して閉経を迎え、女性ホルモンのエストロゲンは激減します。この閉経を挟んだ前後5年間の「更年期」には、ホットフラッシュやめまい、メンタルの不調など、さまざまな症状が現れます。かくいう私も、かつては泥沼のような深刻な更年期障害に悩んだひとりです。

更年期の症状は、日常生活がままならないほど症状が重い人から、軽度の人まで、その程度には個人差がありますが、卵巣が機能停止してしまうこと

は、すべての女性にとって「逃れられない宿命」のようなものなのです。

かたや男性の場合、テストステロンを分泌する精巣が「○歳になったら機能停止する」というタイムリミットはありません。テストステロンの分泌量は、緩やかに減っていきますが、その**減少のスピードは個人差が大きく**、30代で大きく減少する人もいれば、60代や70代になってもあまり減らない人もいます。

## ●テストステロンの急激な減少で「男性更年期障害」も

テストステロンの分泌量が減ってくると、性欲が低下したり、「朝勃《あさだ》ち」が減ってきたりします。また、筋力低下や太りやすくなってメタボリック・シンドロームに陥ることもあります。いわゆる「中年太り」もテストステロンの減少と関わっている場合が少なくありません。

テストステロンの減少は、メンタル面にも影響します。記憶力の低下、やる気が出ない、イライラや落ち込み、抑うつの症状に見舞われる人もいます。ホルモンと自律神経症状は密接に関わっていますので、耳鳴りや冷えなど自律神経失調症のような不調が出る人もいます。

本来、なだらかに減少していくはずのテストステロンですが、強烈なストレスや睡眠不足、栄養不足などが原因で急激に減少してしまうこともあります。この**テストステロンの急激な減少によって現れる不調や症状が、日常生活に支障をきたしてしまう状態を「男性更年期障害」**といいます。男性更年期障害の治療法については103ページで詳しく取り上げていきます。

「いまひとつセックスする気になれない」「セックスしたいと思えない……」そんな**性衝動の変化は、テストステロンと密接に関わっています。**性衝動の減退は、単なる「スケベ心」だけでなく、テストステロンが減少していることを知らせてくれる大切な健康のバロメーターなのです。

ここまでは、性やセックスと健康の関わりについて述べてきましたが、次の章からはより具体的な性の疑問やお悩みについてQ＆A形式でお答えしていきます。性にまつわる疑問や勘違い、ときに都市伝説めいたテーマまで、「これはぜひ知っていただきたい！」と思うものをよりすぐりました。

順番に読み進めても、気になるところからページをめくっても構いません。ときに医学用語も出てきますが、なるべく平易な文章でわかりやすく説明していきますので、「顔見知りの医者の所にフラッと相談に来た」くらいの気軽な気持ちで読んでいただけたらと思います。

COLUMN

データで紐解く全国の性事情①

# 自分よりも相手を気持ちよくさせたい県民とは?

「県民性」は性生活にまで表れることをご存じですか？　性生活に関する大規模調査「【ジェクス】ジャパン・セックスサーベイ2024」では、都道府県ごとの特徴がくっきりと浮かび上がってきました。

たとえば沖縄県では、「自分よりも相手を気持ちよくさせたい」という願望を持つ人が72.3%と全国トップ。子どもが3人以上いる割合も全国最多で、家族やパートナーとの絆の深さがうかがえます。また、日本海側の県では、マッチングアプリの利用率が比較的高い傾向が伺えるなど地理的な特徴も興味深いポイントです。特に富山県では、セックスパートナーを見つける目的でのアプリ利用が12.1%と全国1位に。

プライベートな営みであるセックスは、「〇〇県民だから」とひとくくりにできるものではありませんが、その土地の文化や歴史、生活習慣が、私たちの性意識に深く影響を与えている部分は少なくないのだと思います。

**「自分よりも相手を気持ちよくさせたいという願望がある」の割合**

| 割合が高い都道府県 | |
|---|---|
| **1位** | **沖縄県（72.3%）** |
| 2位 | 宮城県（68.8%） |
| 3位 | 鹿児島県（68.5%） |

| 割合が低い都道府県 | |
|---|---|
| **1位** | **京都府、岡山県（50.5%）** |
| 2位 | 山梨県（52.3%） |
| 3位 | 兵庫県（52.9%） |

※18歳から69歳の男女・合計5,029人を対象にアンケート調査を実施

出典：「【ジェクス】ジャパン・セックスサーベイ2024」

# 第2章

# 性機能を劣化させない
# オトコの性学
# Q&A

# 歳を取ると起こる性機能の変化とは？中高年が気にしているセックスのお悩み

中高年になると、体にはさまざまな変化が起こります。

お腹がぽっこり出たり、駅の階段の上り下りがつらくなったり……このような加齢に伴う体の変化や体力の衰えは、性生活にも影響を及ぼします。

私が主宰するFacebookコミュニティ「富永喜代の秘密の部屋」で、「気になるセックスの問題」について聞いたところ左ページの結果となりました。

3位と4位は、パートナーとの関係性についての問題ですが、それ以外はいずれも体、具体的にいえば男性器（ペニス）の機能についてのお悩みです。

一般的に男性の性欲や性機能、勃起力は年齢とともに変化するといわれています。では、どんな変化が起こるのか、具体的に押さえておきましょう。

## 中高年が気にしているセックスのお悩み

（男性338人、複数回答）

1位 ED

2位 中折れ

3位 セックスレス

4位 パートナー探し

5位 早漏

6位 遅漏

「富永喜代の秘密の部屋」調べ

次のうちあなたはいくつ当てはまりますか？

**・ペニスを勃起させるのに時間がかかるようになった**
**・今まで以上にペニスに直接的な刺激が必要になった**
**・勃起しても硬くなりにくい**
**・精液量、射精の勢いが下がった**
**・射精後、性的刺激があってもペニスが反応しない時間が長くなった**（＊10）

加齢に伴う体の変化を「こんなはずじゃなかった……」と嘆くより、まず大切なのは「知ること」です。

ここからは男性の性機能の変化、ＥＤの対処法などをＱ＆Ａ形式でみていきます。正しい知識を備えることで、自分に合った有効な対策を立てられるようになるはずです。

## Q01 若い頃に比べて、勃起力が低下するのはなぜ？

### A 「神経・血管・筋力」の3つの要素が深く関わっています

「人生後半戦、まだまだ性を愉しみたい！」と願う中高年の前に立ちはだかるのが「勃起力の低下」です。みなぎるような勃起を感じた頃を懐かしむ方もいるのではないでしょうか。

勃起力低下や勃起不全（以下、ＥＤ）は、ストレスや身体の機能面の低下など複合的な要因が絡み合って起こるものです。ＥＤを引き起こす要因のうち、加齢とも関わりが深いのが、**「神経・血管・筋力」の3つ**です。

それぞれについて詳しくみていきましょう。

まずは神経です。学生時代にテニスをしていた人が30年ぶりにテニスを再開してもなかなかうまくいきませんよね。これは筋力の衰えもありますが、**加齢とともに神経の伝達能力が低下する**からです。

神経の伝達能力が衰えるのは、セックスでも同じことがいえます。性的な刺激を受けても、その刺激が神経の働きによって脳に伝わらないとペニスは勃起しません。また、前立腺がんの手術などで前立腺まわりの神経が物理的に傷ついてしまうことで、うまく勃起ができなくなることもあります。

## ●勃起力の低下の原因を考えることが重要

血管も勃起力を支える大きな要因です。

そもそも**ED治療薬を飲むと勃起力が蘇るのは、簡単にいえば血管を拡張させるから**です。第1章でお話ししたように、中高年になると、動脈硬化によって血管の詰まりが生じるケースが増えてきます。すると、心臓や脳などと比べて細いペニスの血管から動脈硬化の影響が表れ、勃起力が下がってきます。動脈硬化は加齢だけでなく、偏った食生活や喫煙、肥満など生活習慣とも深く関わっています。

また勃起には、筋力が欠かせません。

## 勃起力に重要な筋肉「骨盤底筋」

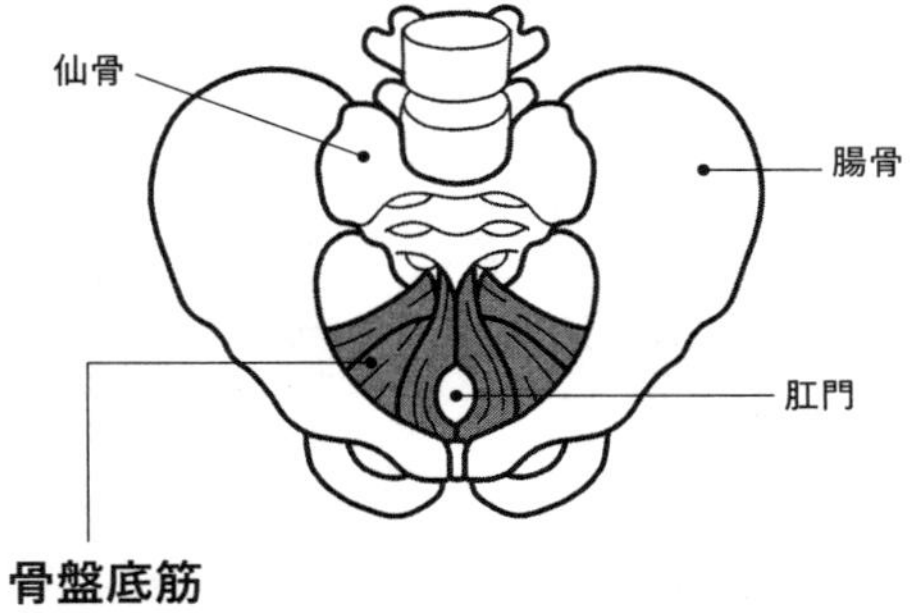


ここでいう**筋力とは骨盤底筋のこと**。骨盤底筋は、骨盤の底に、尿道・性器・肛門を取り囲みハンモックのように存在する複数の筋肉の総称で、勃起にはペニスの元である「球海綿体筋《きゅうかいめんたいきん》」「坐骨海綿体筋《ざこつかいめんたいきん》」という筋肉が深く関わっています。またペニス付近の靭帯《じんたい》が加齢によって緩くなると勃起の角度が下がってきます。

勃起力低下の要因は「これだ！」と割り切れるものではなく、いくつかの要因が複合的に絡み合って生じるものです。まずは「なぜ勃起力が低下したのか？」という原因を考えてみることが、ＥＤ改善の近道といえるでしょう。

## Q 02 「中折れする」くらいならEDではない？

**A** 「ED＝まったく勃たない」ではありません。「硬さが不十分」「中折れをする」もEDの症状です

年齢とともに勃起力が低下したことで、EDを疑う方もいるでしょう。よくEDというと「ペニスがまったく勃起しない状態」と思われる方もいますが、実は異なります。

日本性機能学会と日本泌尿器科学会が共同でまとめた「ED診療ガイドライン」では、**EDとは「満足な性行為を行うのに十分な勃起が得られない」、もしくは「勃起を維持できない状態が持続または再発すること」**と定義されています。

勃起がまったく起こらない場合はもちろんのこと、硬さが不十分、勃起状態が維持できない……などの症状がある方は、(言い方は悪いかもしれませ

んが）それも「立派なＥＤ」です。

その他に、こんな症状もＥＤに含まれます。

**・興奮しても勃起しない**
**・勃起しても完全に硬くならない**
**・オナニーでは勃起できても、セックスでは勃起しない**
**・中折れしてしまう**
**・パートナーに対してだけ勃たない**
**・セックスに不安を感じる**

中折れに悩んでいる方は、ＥＤ治療を検討されることをオススメします。

## Q 03 EDは心配する病気じゃない？

**A** EDは、血管の詰まりが大きな要因
「危険な病気のサイン」である可能性も……

すでに35ページで述べたように、EDは大病のサインであることも少なくありません。EDの症状そのもので、命を落とすことはありませんが、EDを自覚しておきながら、「疲れているからかな」「歳だから仕方ない」と放置した結果、重篤な病に陥り、命の危険を感じる方もいます。

**中高年のEDは、血管の詰まりが大きな原因**です。心臓から遠く離れた、体の中でもっとも細い動脈であるペニスの動脈「陰茎背動脈」への血流が悪くなることで起こります。**動脈硬化は全身の血管で進み、ペニスで起こればED、心臓で起これば「心筋梗塞」、頭部なら「脳梗塞」につながる可能性**

**があります。**

全身の血管の太さはさまざまですが、**動脈硬化の影響は細い血管から先に表れます。**ペニスの血管は1～2㎜ほど。これはつまり、心臓や頭部よりも先に動脈硬化の影響が表れるということ。もしも動脈硬化によってEDが引き起こされていた場合は、すでに心臓や頭部でも動脈硬化が密かに起こっている可能性もあるのです。

その他にも、すでにEDを発症している人は、心臓の血管の病気、前立腺の病気、慢性腎臓病、男性ホルモン分泌量の低下、糖尿病、高血圧、動脈硬化、高脂血症、うつ症状、睡眠時無呼吸症候群など、**さまざまな病気を併発している可能性があるといわれます。**つまり、EDは動脈硬化や生活習慣病などの延長線上にあるのですね。

**EDは心筋梗塞や脳梗塞などの危険な病気を見つける重要なサイン。**いわゆる「下ネタ」に留まらないのです。

## ペニスの血管は細くて詰まりやすい

| ペニスの血管 | 心臓の血管 | 頭部の血管 |
|---|---|---|
| 陰茎背動脈 | 冠動脈 | 頸動脈 |
| 直径約1～2㎜ | 直径約4～5㎜ | 直径約8～10㎜ |
| 血管が詰まると……<br>**EDに** | 血管が詰まると……<br>**心筋梗塞に** | 血管が詰まると……<br>**脳梗塞、脳卒中に** |

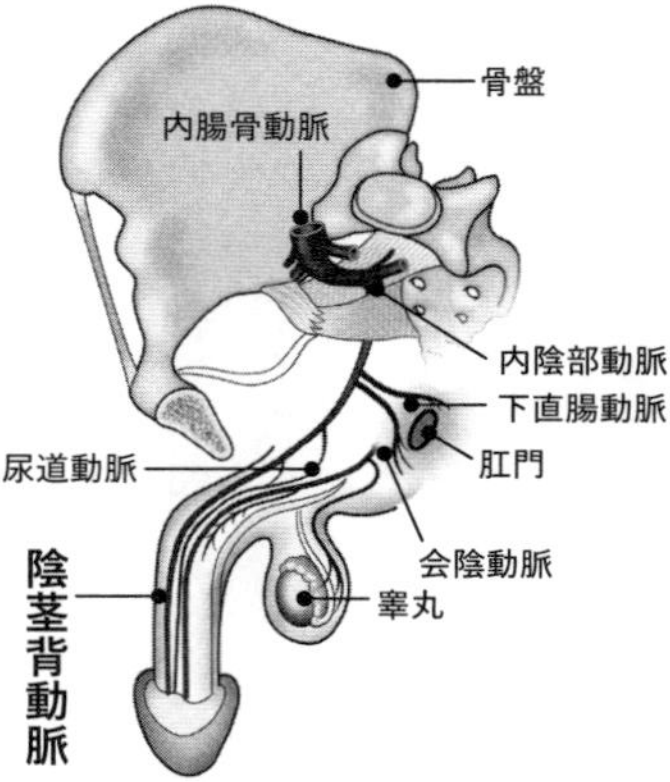


血液は、心臓から背骨を通り、お尻、骨盤の底を通ってペニスの動脈「陰茎背動脈」に送られます。その細さはわずか1～2mmほど、血管の詰まりの影響は真っ先にペニスに表れます。

## Q 04 若い人はEDにならない？

A たとえ20代でも過度のストレスなどが原因で「心因性ED」になる可能性もあります

EDになる要因は加齢だけではありません。たとえ20代でも、仕事のストレスや不安、性的トラウマなどから、EDになることがあります。

過去のセックスで、女性から「あなた、ヘタね」などダメ出しをされ、深く傷ついた経験から、その後も「また今日もうまくいかないのでは……」といった不安にかられると、途端にダメになってしまうというのも一例です。

最近では、妊活や不妊治療を行うカップルも増えていますが、排卵日が精神的なプレッシャーとなり、EDになる人も増えているといいます。

こういった**精神的なストレスが原因によるEDを「心因性ED」**といいます。

## EDの3つのタイプ

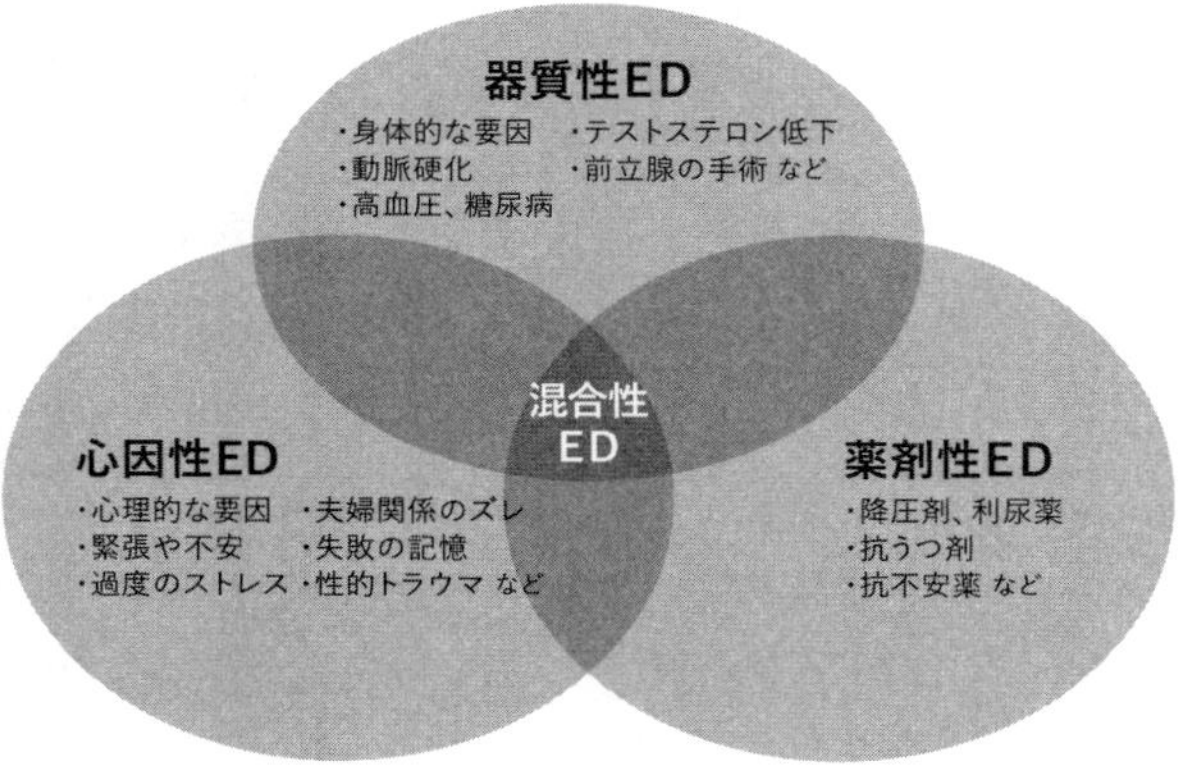


EDは次の3つのタイプに分類されます。

心因性EDの他に、すでに述べた動脈硬化や神経の障害など体そのものに原因のあるEDを「器質性ED」、また降圧薬や抗うつ剤、抗不安薬など飲んでいる薬の影響でEDになる「薬剤性ED」もあります。そして、これらの2つ以上の要因が組み合わさったものを「混合性ED」と呼びます。

# Q 05 なぜ過度なストレスでEDになるの？

**A** 過度なストレスで、ストレスホルモンが過剰に分泌され性機能が低下してしまうからです

では、なぜ過度なストレスがかかるとEDになるのでしょうか。ここでは**脳とテストステロン**の観点から、お話ししていきます。

テストステロンは、主に睾丸《こうがん》（精巣）でつくられる男性ホルモンで、男性の性衝動と深く関わっています。このテストステロンは、睾丸が勝手につくり出しているのではありません。睾丸でテストステロンがつくられるためには、「脳」からの指令を受けなくてはなりません。

普段、あまりストレスを感じていない状態では、脳は視床下部《ししょうかぶ》という部位から下垂体《かすいたい》を介して、睾丸に「精子をつくれ！」と指令を出します。この指令を受けて、睾丸が精子をつくり、テストステロンの分泌を促します。

しかし、脳が過大なストレスを感じると、今度は脳の視床下部から下垂体を介して、「副腎皮質刺激《ふくじんひしつ》ホルモン」という物質が分泌されます。すると今度は、副腎から**「ストレスホルモン」の異名を持つコルチゾールが多く分泌**され、次のようなさまざまな症状が引き起こされます。

・免疫力の低下
・血糖値や血圧の上昇
・テストステロン量の減少
・精子がつくられない
・性欲の減退

つまりストレスによってコルチゾールが過剰に分泌されると、テストステロン量が減り、精子もつくられなくなり、性欲も減退する……そんな悪循環に陥ってしまうのですね。

## Q 06 EDは何科にかかればいい？治療費はどれぐらい？

**A 泌尿器科やED外来、メンズヘルス外来に相談を。ED治療薬は保険適用外です**

**EDは、泌尿器科やメンズヘルス外来、ED専門外来などで診察を受けることができます。**

すでにお話ししたようにEDになる要因はストレスから動脈硬化、さらに服用している薬の影響までさまざまです。場合によっては、内科や精神科への受診が必要になることもあります。

また最近では、**初診からオンライン診療が可能なクリニック**も増えてきました。オンライン診察のメリットは、いつでもどこでも治療を受けられることです。EDはなんら恥じる症状ではありませんが、そうはいっても周囲の目が気になる、という方もいるかと思います。そのような方にも、オンライイン診療は、とても心強い選択肢だといえるでしょう。なお、富永ペインクリニックでもオンライン診療でED相談を行っています。

現在、EDの治療法は確立されています。病院ではED治療を希望する患者さんに対して、「ED診療ガイドライン」をもとに治療を行います。基本的にEDの診療では、患部を視診したり検査したりすることはありません。自覚症状や医学的情報（既往歴・服薬歴・アレルギー歴など）を問診票に記入し、医師が問診で診察します。

## ●ED治療薬は基本的に「保険適用外」

気になる治療費ですが、一般的には初診料あるいは再診料、ED治療薬代や処方料、調剤料などがかかります。また、生活習慣病が疑われる場合は検査料がかかることもあります。

病院ではEDを治したいという患者さんには、まず生活習慣の改善を指導

※レビトラは製薬メーカーによって発売中止が発表されています。現在、国内で処方されているのはレビトラジェネリックの「バナデナフィル錠」ですが、本書では便宜上、「レビトラ」と表記しています。

します。偏った食生活、肥満や喫煙、動脈硬化など、生活面においてEDになりそうな要因をなくしていくのです。

それでも症状が改善されなかった場合、バイアグラなどのED治療薬の出番になります。ED治療薬（バイアグラ、※レビトラ、シアリス）は、不妊治療を目的とする場合以外は、**保険適用外**です。

**バイアグラなら一粒1000円、レビトラなら1500円、シアリスは2000円（いずれも税込）が**相場といわれています。それぞれジェネリック医薬品もあります。

**保険適用内での治療なら、漢方薬という選択肢**もあります。私のクリニックでは、すでにED治療薬を飲んでいる方に、効果を底上げさせるために漢方薬を処方することがあります。また**「ED治療薬を飲むほどではないが、勃起力の低下を感じ始めた」という方には漢方薬も選択肢のひとつ**となりえます。

ＥＤ（陰萎）に保険適用がある漢方薬は４種類あります。

・柴胡加竜骨牡蛎湯《さいこかりゅうこつぼれいとう》
・八味地黄丸《はちみじおうがん》
・桂枝加竜骨牡蛎湯《けいしかりゅうこつぼれいとう》
・補中益気湯《ほちゅうえっきとう》

ＥＤ治療薬は保険適用外のため、割高に感じるかもしれません。しかし、もっとも避けるべきなのが、「安いから」という理由でインターネットで見かけた薬を自己判断で購入することです。インターネットでＥＤ治療薬を入手することの危険性については、74ページで詳しく説明していきます。

## Q07 ED治療薬にはどんな種類があるの？

**A** バイアグラ、レビトラ、シアリスが日本で承認されています。持続時間など自分のライフスタイルに合ったものを選びましょう

ＥＤ治療薬といえばバイアグラが有名ですが、**日本で承認されているＥＤ治療薬は、バイアグラ、レビトラ※、シアリスの3つ**です。いずれも国内外で有効性や安全性のデータが報告されているので安心して使えますが、それぞれに特徴があります（66ページ参照）。

「今すぐ勃起を促したい！」という人はレビトラ、「マイルドに長い効果がほしい」という人はシアリス、「頻繁に手軽に使いたい」というコスパ重視派にはもっとも手頃なバイアグラ……といったように、それぞれのライフスタイルや希望に合った薬を選びましょう。

## ED治療薬の種類と特徴

| | バイアグラ | レビトラ※ | シアリス |
| --- | --- | --- | --- |
| **特徴** | 最初に開発されたED治療薬のため、臨床実験が豊富で、安心して使用できる | もっとも即効性あり。食事の影響を受けやすいが、必要なタイミングで効果を実感しやすく、使いやすい | マイルドに長時間作用。作用時間が長いため、1錠で2夜連続も可能。自分のタイミングで、焦らずに効果を実感できる |
| **飲んでから効果が発揮するまでの時間** | 約30分〜60分 | 約15分〜30分<br>★もっとも即効性あり | 約30分 |
| **持続時間** | 約4〜5時間 | 約5〜10時間 | 約36時間 |
| **食事への影響** | 空腹のときに飲む、脂っこい食事も避ける | 脂っこい食事の影響を受けやすい。食事は最小限に | ほとんどないが、空腹時に服用するほうがより効果アップ |
| **薬価**(1粒あたり相場) | 約1000円(税込) | 約1500円(税込) | 約2000円(税込) |

日本で承認されているED治療薬は上記の3つです。いつセックスするかわからない時には、気持ちの余裕を持つためにも、マイルドな効き目で持続時間の長いシアリスを選ぶのも方法です。

※レビトラは製薬メーカーによって発売中止が発表されています。現在、国内で処方されているのはレビトラジェネリックの「バナデナフィル錠」ですが、本書では便宜上、「レビトラ」と表記しています。

## Q 08 ED治療薬はいつ飲めばいい？

**A 食事の前、空腹時に飲むのが基本です**

**ED治療薬は、食事の内容やとる時間に大きな影響を受けます。**

一般的に飲み薬というと、「食後に飲むもの」というイメージがありますよね。薬局でも空腹時に飲むと胃腸を荒らしてしまう薬は、食後に飲むように服薬指導されることもあるでしょう。

ED治療薬も口から飲む薬（経口薬）ですが、**「空腹時の服用が基本」**です。特にバイアグラは食事の影響を受けやすいので、空腹のままセックスするのが理想、食前なら食事の60分前には服用したいところです。どうしても食後に飲まなければならないときは、食事はあっさりした軽食にして、食後2時間程度、時間を空けてから服用しましょう。

なかでも**脂の多い食事には注意が必要**です。「今日は精をつけるぞ！」と意気込んでステーキや焼き肉など脂が多い食事をとってからバイアグラを飲んだ場合、脂質が胃や腸の粘膜にべったり貼りついてしまい、有効成分が腸の中でうまく吸収されません。

セックスをする時間があらかじめ予想がつく場合は、66ページの表にあるように**効果が発揮されるまでの時間と持続時間を把握する**ことが大切です。バイアグラは服用後30~60分、※レビトラは15~30分、シアリスは30分程度で効果を発揮します。**「飲んですぐ勝負に挑みたい!」という場合はレビトラ**が最適。逆に「週末の温泉デートで、いつセックスをするか、いまいちわからない」という**長期戦の場合は、効き目の長いシアリス**がオススメです。

※レビトラは製薬メーカーによって発売中止が発表されています。現在、国内で処方されているのはレビトラジェネリックの「バナデナフィル錠」ですが、本書では便宜上、「レビトラ」と表記しています。

## Q 09 ＥＤ治療薬を飲んだら、性欲が湧いてくる？

A ＥＤ治療薬は血管を拡張させて勃起を維持する薬。催淫効果や性欲増進効果はありません

ＥＤ治療薬は血管を拡張させて、陰茎海綿体に血液が流れ込むことで勃起を手助けしてくれる薬です。

ときに「飲むとエッチな気分になる」といった催淫《さいいん》効果や性欲増進効果があると思われがちですが、それは誤解です。**ＥＤ治療薬は性的興奮を感じたときのみ、勃起をサポートしてくれる薬**です。

たしかに「これを飲んだから、今日は大丈夫！」という思い込みから性欲が湧いてくる……ということはありえますが、ＥＤ治療薬は、媚薬や精力増強剤ではありません。そのため、飲んだら問答無用に勃起したり、どうしようもなくムラムラしてしまったりすることはないので安心してくださいね。

## Q 10 ED治療薬は心臓に悪い?

**A それは誤解です。ED治療薬は心臓への負担を下げてくれる薬。最近では「血管の若返り」などの副効果にも注目が集まっています**

ED治療薬というと、「心臓に悪いのでは?」と心配される方もいます。

たしかに過去には、知人から譲り受けたバイアグラを服用した男性が、性行為後に倒れて死亡した例もあります。しかし、これについては厚生労働省も因果関係は不明としていますし、なにより死亡した男性は禁忌《きんき》である「ニトログリセリン」を使用していたといいます(*11)。

このような危険な飲み方をしたケースが、メディアなどで煽《あお》られたことにより、「ED治療薬は心臓に悪い」というイメージが広まったのかもしれません。

しかし、すでにお話ししたようにED治療薬は、血管を拡張してくれる薬ですから、**心臓に悪いどころか、血流のめぐりを改善し、心臓への負担を減らしてくれる**効果もあります。

最近では、ＥＤ治療薬は勃起の手助けをしてくれるだけでなく、**さまざまな副効果が**あることがわかってきました。

ＥＤ治療薬を飲むことで、動脈硬化で傷んだ血管内皮を修復してくれる物質が増えることから、血管の若返りやアンチエイジング効果にも注目が集まっています。

また前立腺に作用し、排尿障害が改善することや、研究途中ではあるものの**アルツハイマー病のリスクを減らす**可能性を示唆するデータ（＊12）も報告されています。

もちろん、ＥＤ治療薬を勃起力改善以外の目的で用いる際には、専門医による診察・診断が欠かせません。

# Q 11 ED治療薬を飲んではいけない人は？

**A 「ニトログリセリン」などの硝酸剤とED治療薬の併用は、いわば自殺行為です！**

血流を改善し、心臓への負担を減らしてくれるED治療薬ですが、飲んではいけない方もいます。

① 3～6か月以内に脳梗塞、心筋梗塞になった人
② 網膜色素変性症の人
③ 狭心症の治療薬「ニトログリセリン」を飲んでいる人

なかでも、心臓の疾患を患っている方で治療薬の「**ニトログリセリン**」**などの硝酸剤を使用している方は、絶対にED治療薬を飲んではいけません。**

狭心症や心筋梗塞の治療に使われるニトログリセリン系の薬は、ＥＤ治療薬と同じように血管を押し広げて、血流を促す効果があります。つまり、効き目が「被《かぶ》って」しまうのです。

そのためＥＤ治療薬と併用すると、相乗効果が生じ、血圧が急激に下がってしまい、最悪の場合、死に至ることもあります。硝酸剤には飲み薬、舌下錠、貼り薬、注射、吸入剤などがあります。

硝酸剤以外にも、もしも現在服用中の薬があれば、診察の際に薬名がわかるようにしておくことをお勧めします。また、一部の不整脈や透析の患者さんには使えない種類のＥＤ治療薬もあるので、心あたりのある方は医師に相談してみてください。

# Q12 ED治療薬はネット通販のほうが「コスパがいい」?

**A** ネット通販のED治療薬は、「4割が偽薬」という報告も。重篤な健康被害を引き起こしかねません

インターネットを見渡すと、海外製のED治療薬を医師の処方なしにオンライン通販できるサイトが散見されます。しかも「格安!」など煽情的《せんじょうてき》なキャッチコピーを目にしたら、つい気になってしまうのが人情です。

しかし、**インターネットでのED治療薬の入手は非常にリスキー**です。

正規のED治療薬を国内で製造・販売する医薬品メーカーの調べでは、日本のインターネットで手に入る**ED治療薬の43・6%が偽薬**だったという報告があります(*13)。半数近くが偽薬だというのですから衝撃です。

本来入っているはずの薬効成分が入っていなかったり、薬が効かなかった

りするならまだマシです。

なかには着色料として、体に有害な塗料が使われていたり、神経を興奮させ、中毒性があるカフェインや違法な覚せい剤の一種が入っていたりすることもあります。また、血糖降下薬を入れて、低血糖によるボーッとした感覚を引き起こすことで、オルガズムの感覚を疑似体験させ「リピーター」にさせる偽ED治療薬もあるようです。人間の依存性・中毒性を煽るような成分を混入させて顧客を増やそうとするのは、なんとも悪質ですよね。

価格が安いからといって、インターネットでED治療薬に手を出すことは絶対にやめましょう。場合によっては命の危険すら伴う薬物が混入されている可能性があります。ED治療薬を手にするときは必ず、医師の処方を受けるようにしてください。

## Q13 ED治療薬とアルコールは一緒に飲んでもいい？

**A** 控えたほうがよいでしょう。人によっては、勃起が不全になったりすることも

「今日は巡り巡ってきた大チャンス！　でも緊張するから、アルコールを飲んで、リラックスした状態でセックスに臨みたい」

たしかにアルコールが入ることでふたりの気分が高揚し、「いいムード」になることもありますよね。

一般的にED治療薬は、アルコールと一緒に飲んでもその効果が強まったり、効果が減ったりすることはないといわれていますが、**ED治療薬の効果を十分に発揮するためには、アルコールは控えたほうがよい**でしょう。

アルコールを飲むと顔が赤くなる、いわゆる「赤ら顔」になる方もいると思います。これはアルコールによって、顔の皮膚の血管が広がって起こる現象です。

人間の体にある血液の総量は決まっていますから、イメージとしては赤ら顔のときは、全身をめぐる血液のうち、全身の皮膚に集まってくる血液の割合が増えている状態です。しかし、本来ペニスに集まってほしいはずの血液が、アルコールを飲んで皮膚に集まってしまったとしたら……**勃起が不全になる**ことは明らかですよね。

過剰なアルコール摂取によって、自律神経の働きにも悪影響を及ぼすことがあるので、その面からも控えたほうがベター。お酒と自律神経の関係については239ページで詳しく解説していきます。

# Q14 ED治療薬に副作用はある？

A よくある副作用は、「頭痛」と「ほてり」です。頭痛がひどい場合は、ロキソニンなどの鎮痛剤で対処を

「ED診療ガイドライン」によれば、ED治療薬のメジャーな副作用は**頭痛、ほてり**です。その他にも消化不良、鼻の詰まり、めまいが報告されています。ED治療薬は血管を拡張させる薬ですから、ペニス以外の末梢血管が広がることでこれらの症状が起こると考えられています。シアリス特有の副作用として、背部痛（背中の痛み）があります。

また非常に珍しいケースですが、「持続性勃起症」が報告されています。これは、性的な興奮を伴わない状況でも、痛みを伴う勃起が続いてしまう症状です。もしも4時間以上、勃起が収まらない場合は、医師の診察を受けるようにしてください。

もっともメジャーな副作用である頭痛の対処法として病院では、ロキソニンやカロナールといった鎮痛剤が処方されます。特に普段から片頭痛がある方は、「あまりに頭痛がひどくてセックスどころではない」という事態を避けるためにも、**頭痛の副作用が比較的少ないレビトラ**※を選ぶとよいでしょう。

また、特に運転をする方はほてりにも注意してください。顔が赤くなっているとまるで飲酒しているように見えるので、運悪く一斉検問に遭遇してしまった場合、警察官に「実はバイアグラを飲んでいて……」と告げるのは、なんともバツが悪いものです。**ほてりが気になる方は、シアリスを選んでみる**のも一案です。

ED治療薬の副作用は一時的なものですが、症状が気になる方は、ぜひ医師に相談してみてくださいね。

## ED治療薬の種類と副作用

| 副作用 | バイアグラ | レビトラ※ | シアリス |
| --- | --- | --- | --- |
| 頭痛 | 12.74% | 5.59% | 11.3% |
| ほてり | 10.2% | 15.7% | 3.5% |
| 消化不良 | 0.6% | 1.0% | 2.3% |
| 鼻閉（鼻の詰まり） | 0% | 3.0% | 1.2% |
| めまい | 0.6% | 0.4% | 0% |
| 背部痛 | 0% | 0% | 1.9% |
| 持続勃起症 | 数名 | 1名 | 0名 |

ED治療薬は血管を拡張させる薬。そのため、ペニスだけでなく、それ以外の部位の末梢血管が広がることでこれらの副作用が起こります。あまりにひどいようなら、医師に相談を。

※レビトラは製薬メーカーによって発売中止が発表されています。現在、国内で処方されているのはレビトラジェネリックの「バナデナフィル錠」ですが、本書では便宜上、「レビトラ」と表記しています。

# Q15 ED治療薬は早漏にも効果がありますか？

**A** 「ED治療薬を飲んだグループの挿入時間が延びた」という研究結果が報告されています

ED治療薬は勃起をサポートするものですが、**早漏に効果があるという研究結果**（＊14）があります。

この研究では、「男性が早漏」というカップルを

・セックスのたびED治療薬を服用する30組（Aグループ）
・セックスのたび偽薬（プラセボ）を服用する10組（Bグループ）

という2グループに分けて、挿入時間の変化を観察しました。

Aグループには、8週間にわたりセックスのたび※レビトラを服用してもらい、挿入時間がどう変わったかを測定します。さらにその後の4週間には、

セックスのたび偽薬を飲んでもらい、再度、挿入時間を測ります。

Bグループには、8週間は偽薬を飲んでもらい、挿入時間の変化を確認します。さらにその後、4週間はレビトラを飲んでもらい、再び挿入時間を測りました。

その結果、レビトラを服用したAグループは、8週間後には平均挿入時間が0・6分から4・5分へと増加しました。その後、4週間は偽薬を飲んでもらいましたが（つまりレビトラは飲んでいない）、それでも挿入時間は3分以上にキープされたままでした。

一方、偽薬を服用したカップルは、服用前は0・7分だった挿入時間は、8週間後もほとんど変わらないままでした（偽薬なので変化がほぼないのは当然ですよね）。その後、4週間にわたりレビトラを飲んでもらうと、挿入時間が2分間増えていました。Aグループほどの増加幅ではないにせよ、確実に挿入時間は延びています。

この結果によって**レビトラには、早漏改善効果がある**ことが示されました。

また、早漏改善効果はレビトラだけでなく、**バイアグラやシアリスでも同じような効果がある**ことが別の実験でも示されています。

面白いのが、この研究ではAグループにおいては、レビトラの服用を止めて4週間経ったあとも「早漏が改善されていた」と報告されている点。つまり、たとえED治療薬の服用を止めても、一定時間、効果が続くということです。

さらにレビトラの服用回数が多い（＝セックスの回数が多い）ほど、早漏の改善効果がアップしたという結果も報告されています。このことから、セックスをしてペニスの血管を押し広げる回数が多いほど、早漏の改善効果が高いということがうかがえます。

もちろん、これがレビトラ単独の効果なのか、「早漏と思っていた自分でも、実はやればできるじゃないか！」という精神的な効果によるものなのか、早漏が改善された要因は複雑に絡み合っていますが、なんとも興味深い結果だと思います。

## Q 16 「バイアグラが効かない……」次なる一手は？

### A ED治療薬を飲めない方、効果がない方には「陰圧式勃起補助具」という選択肢もあります

ED治療薬を正しく服用しているのに、残念ながら効果を実感できない方もいます。また心臓病などを患っていて「ED治療薬を飲みたくても持病があって飲めない」という方もいます。またさまざまな事情で「薬に頼りたくない」と思う方もいるでしょう。

このような場合、「ED診療ガイドライン」では次の一手として「**陰圧式勃起補助具**」の使用という治療法に進みます。陰圧式勃起補助具とは、簡単にいえばシリンダーの形状をしたペニスポンプのことで**陰圧（内部の圧力が外部よりも低い状態）を利用してペニスの血流を増加させ、勃起を促す医療**

## 陰圧式勃起補助具「ビガー2020」

「ビガー2020」は、管理医療機器（クラスII）の承認を得ている陰圧式勃起補助具。発売元の株式会社A&HBのホームページで、取り扱いをしている医療機関を調べることができる。（株式会社A&HB　https://aandhb.com/）

※富永ペインクリニックでも取り扱っている

**機器。**血管に血液が流れ込むことでペニスに栄養や酸素を送り込み、陰茎海綿体の柔軟性が保たれ、勃起力の維持につながるという考えです。

陰圧式勃起補助具は、かつては「雑貨」扱いでしたが、近年には**厚生労働省から承認を受けた「ビガー（Vigor）2020」**が大きな注目を集めています。

その他にもペニスの血管を拡張させる薬を注射する「**海綿体注射**」や、**プロステーシス**という人工の装具を陰茎海綿体に挿入する手術もありますが、日本では未承認です。

Q 17

# 陰圧式勃起補助具「ビガー2020」ってどうやって使うの？

A

**シリンダーにペニスを押し当て、手動のポンプを操作します。ビガートレーニングは1日10分程度行います**

ビガーの使い方はごくシンプルです。

まず、透明なシリンダーにポンプとパッキンを取り付ければ、組み立てはすぐに完了します。次に、ペニスに専用の潤滑剤（フラックスオイル）を塗って、亀頭をパッキンの穴に当て、ポンプを数回ゆっくりと操作します。すると、空気圧の関係でペニスがすっぽり引き込まれるようにシリンダーに収まっていきます。ペニス全体がシリンダーの中に入ったら10秒以上待って、再びゆっくりとポンプの操作を繰り返します。人によっては、わずか数十秒でペニスの先端まで血液が行き渡る感覚を得られるはずです。

この「ビガートレーニング」は**1日10分間**、週3回以上行うことが推奨されています。

毎日、いわば強制的にペニスを勃起させることで、ペニスの血管が広がる「クセ」をつけるのです。手入れも簡単で、水洗いして陰干しすればＯＫというのも嬉しいポイントだと思います。

ビガーは、セックス時の勃起をサポートするために使うこともできます。セックスの勃起時に使う場合は、ペニスの根元に専用のリングを取りつけてから、シリンダーにペニスを挿入し陰圧勃起させます。なお、リングをつけた状態でのセックスは30分以内に留めてください。

## 強制的に勃起することでメンタルも前向きに

富永ペインクリニックでは２０２２年、25人を対象に2か月間、ビガートレーニングの治験を行いました。その結果、84％に勃起力と維持力の改善がみられました。

・ペニスが大きくなった
・日頃からペニスの重さを感じるようになった
・性欲が強くなった
といった声も寄せられました（個人の感想なので効果を保証するものではありません）。

ビガートレーニングは、**機能面だけでなく心理面にもポジティブな影響**をもたらします。

ストレスなど心理的な要因でEDに陥った場合、「セックスしなくては」「でもできない」「やっぱり俺はダメだ」と負のスパイラルに陥りがちです。しかし、ビガーで大きくなった自分のペニスを目の当たりにすることで「ああ、自分もしっかりと勃起できるのだな」というポジティブなイメージがもたらされます。ビガートレーニングによって、「まだまだ自分は大丈夫だ！」と前向きな気持ちを取り戻すことで、勃起力や維持力を上げることが期待できるのですね。

## Q18 EDになりにくい血液型があるって本当？

**A** O型は他の血液型と比べて「血液サラサラ」な傾向が。そのため血管が詰まりにくく、EDリスクも相対的に低いといえます

「A型は几帳面」「B型はマイペース」……血液型で性格の傾向がわかるといわれる血液型診断は、残念ながら科学的根拠があるとはいえないようです。しかし、血液型による病気の発症リスクの違いは最新の医療の研究によって徐々に明らかになってきました。

私たちはケガをして出血をしても、少し時間が経てば血液が固まりますよね。これに関わるのが「血液凝固因子」と呼ばれるものです。O型の人は血液凝固因子のうち「フォン・ヴィレブランド因子（VWF）」と呼ばれる物質が他の血液型の人たちと比べて、生まれながら少ないのだそうです。

**つまりO型の人は「血液サラサラ」な傾向がある**ということ。そのため血管の詰まりによって発症する病気になりにくい、といわれています。

ここまで本書を読まれた方なら「血管の詰まり」という言葉でピンと来たかもしれません。心臓の血管が詰まれば、心筋梗塞。脳の血管が詰まれば脳梗塞、そして体のなかでもっとも細いペニスの血管が詰まればEDでしたね。**つまり血液サラサラなO型の人のほうがEDになりにくい**といえるのです。

しかし、O型の皆さん。そこで安心しきってはいけません。「俺はO型だから、血液ドロドロになりにくいから大丈夫!」と言って甘いものや脂の多い食べ物ばかりとって、運動もしないでいると、EDのリスクが上がってしまいます。

第5章では、EDになりにくい生活習慣についても述べていきますので、ぜひそちらもご覧ください。

# Q19 歳を取るとセックスの気持ちよさが減る？

**A** 年齢とともに感度が下がるのは、加齢で感覚神経が鈍くなるため。しかし日々の訓練により、鈍化ペースを遅らせることができます

残念ながら**加齢によってセックスの気持ちよさ、いわゆる「感度」は落ちてしまいます。**

少し話はそれますが、銭湯でおじいさんが熱いお風呂に「極楽じゃ〜」と平気な顔をして浸かっているのを見たことはないですか？　これは**年齢が上がるにつれて痛みや温度の感覚が鈍くなる**せいです。

私たちの**皮膚には触覚、圧覚、痛覚、温覚、冷覚のセンサーが**張り巡らされています。熱いフライパンに触ってしまったとき、反射的に手を引っ込めるのも皮膚の表面にある温度センサーが働いているためです。

しかし歳を取ると、こういった感覚をキャッチするセンサーの数や機能が低下してしまいます。そしてこれはセックスについても同じことがいえます。加齢により皮膚感覚が鈍くなると、若い頃と同じような快感を得ることが難しくなってしまうのです。

けれど、がっかりしなくて大丈夫です。たしかに加齢による皮膚の感覚神経の衰えは避けられませんが、日々トレーニングすることで鈍化するペースを遅らせることができます。

若い頃から寿司をにぎり続けている寿司職人は、年齢を重ねてもなお、寸分の狂いもなく同じシャリの量で寿司をにぎり続けることが可能です。これは、日々のトレーニングが皮膚感覚の鈍化速度を遅らせている一例です。

セックスの感度を維持するためにも、オナニーや「ビガー２０２０」などの陰圧式勃起補助具を用いた性機能維持のためのトレーニングがいかに大切か、ここでもおわかりになると思います。

## Q20 中折れは改善できる?

**A 中折れもEDの症状のひとつ。ペニスを支える骨盤底筋のトレーニングが有効です**

「勃つことは勃つけど、途中でダメになってしまう……」

「再起不能になって、パートナーとの間に気まずい空気が流れてしまう」

「中折れ」は、中高年男性を悩ませる切実な問題です。

女性の中には、男性が中折れしたことで「ストレスが溜まっているのかな」と心配になったり、「私に魅力がないからなのね」と不安になったりする方もいます。

52ページでも取り上げましたが、**中折れもEDの症状のひとつ**です。生活習慣病などの動脈硬化や過度のストレスや緊張など、中折れに至る原因はさまざまですが、ここで注目したいのが**骨盤底筋の緩み**です。たとえED治療薬や陰圧式勃起補助具によってペニスの血流が改善されたとしても、ペニスの根元を支える筋肉や靭帯が衰えていたら、ペニスを支えきれずにへなへなと倒れてしまいますよね。この現象が中折れです。

## ●中折れ対策には、スクワットも有効

骨盤底筋は男女問わず、加齢により緩みやすくなります。**勃起を維持し、中折れを防ぐためには、「セックス筋」ともいわれる骨盤底筋を鍛えることが欠かせません。**骨盤底筋を鍛えることで中折れだけでなく、頻尿や尿漏れ対策、姿勢の改善、勃起力アップや射精時のオルガズム向上などの嬉しい効果も期待できます。

骨盤底筋といってもどこかわからないという方もいると思いますが、肛門と陰のうを上のほうにグッと引き上げるイメージで力を入れると、お腹の下のあたりが収縮する感じがしませんか？　これが骨盤底筋です（51ページ）。

骨盤底筋は目には見えない場所にありますが、自力でトレーニングすることも可能で、**スクワットやウォーキング、ヨガ、ピラティスなど下半身の筋肉を鍛えるアプローチが有効**です。

特にスクワットで下半身の筋肉を鍛えることで、男性ホルモンのテストステロン量もアップして、さらに性欲も回復するといった好循環も期待できます。詳しいトレーニング方法は第5章で紹介しますが、運動が苦手な方には、電気による刺激で強制的に筋肉を動かしてくれるＥＭＳ（Electrical Muscle Stimulation の略）を使った機器で骨盤底筋を鍛える方法もあります。

もちろんどんなに骨盤底筋のトレーニングに励んでいても、体調によっては、中折れをしてしまうこともあります。セックス中に中折れをしてしまった場合の対処法については、２３７ページで取り上げますのでそちらもぜひ目を通してみてください。

## Q21 早漏を改善する方法はありますか？

**A** 中高年の早漏は骨盤底筋の衰えが原因。下半身の筋トレやトレーニングカップを使う方法もあります

「すぐに射精してしまって、パートナーを満足させられない」

日本人の性生活の実態調査「ジャパン・セックスサーベイ2020」では、日本人男性が感じるセックスの一番の悩みは「挿入の時間が短い」でした。早漏に悩む男性は多く、TENGAヘルスケアの推計（＊15）では、日本国内で1300万人ほど、実に成人男性の3・5人に1人いるといわれています。

### ●早漏は「希望する挿入時間」と「射精するまでの時間」のズレ

そもそも早漏とは、どんな状態を指すのでしょうか？

国際性医学会（ISSM）によれば、早漏は「性行為時に『毎回』もしく

は『ほぼ毎回』挿入前または挿入後1分以内に射精してしまうこと。また、射精をうまくコントロールできないことでの苦痛や悩み・不満を感じ、性行為を避ける症状」と定義されています。

一方、アメリカにおける医師の診断基準となるDSM-4では、「希望時間より早い挿入や挿入後早期に射精する状態が、持続あるいは繰り返されること」と定義されています。

たしかに1分以内に自分でコントロールできずに射精してしまうのは早漏といえるかもしれませんが、ここでポイントとなるのが、**「相手の希望する挿入時間と実際に射精をしてしまうまでの時間のズレ」**です。

さらにセックスは相手が必要な行為です。東邦大学医学部で泌尿器科学を専門とする永尾光一教授らの報告によれば、早漏とは「女性が望む挿入から射精までの時間に達しない場合」と定義されています。

つまり、「〇分以内に射精してしまったから早漏」という絶対的な定義があるわけでなく、あくまで自分やパートナーの満足感にマッチしているかが問われるわけです。たとえ挿入時間が5分であっても「長すぎる」と彼女が思う場合もあれば、30分以上挿入できても「短い」と感じてしまう場合もあるでしょう。そのため、お互いがどんなセックスをしたいのか、すり合わせることが大切となってきます。女性の希望する挿入時間については218ページでも詳しくお話ししていきます。

## ●骨盤底筋を鍛えて「こらえる」クセをつける

**中高年に多い早漏の原因は、骨盤底筋の衰えです。**射精をコントロールしている骨盤底筋の衰えにより、射精感の高まりをこらえられなくなってしまうのです。

まだ性的経験が浅く、ペニスの神経が鋭敏でわずかな刺激に反応してしまうといった場合、厚手のコンドームを用いて刺激を鈍らせるのも方法です。また勃起に不安がある方なら、早漏改善効果が報告されているED治療薬の※レビトラを手に取ってみるのもよいでしょう（81ページ）。

※レビトラは製薬メーカーによって発売中止が発表されています。現在、国内で処方されているのはレビトラジェネリックの「バナデナフィル錠」ですが、本書では便宜上、「レビトラ」と表記しています。

## 早漏対策のトレーニンググッズ

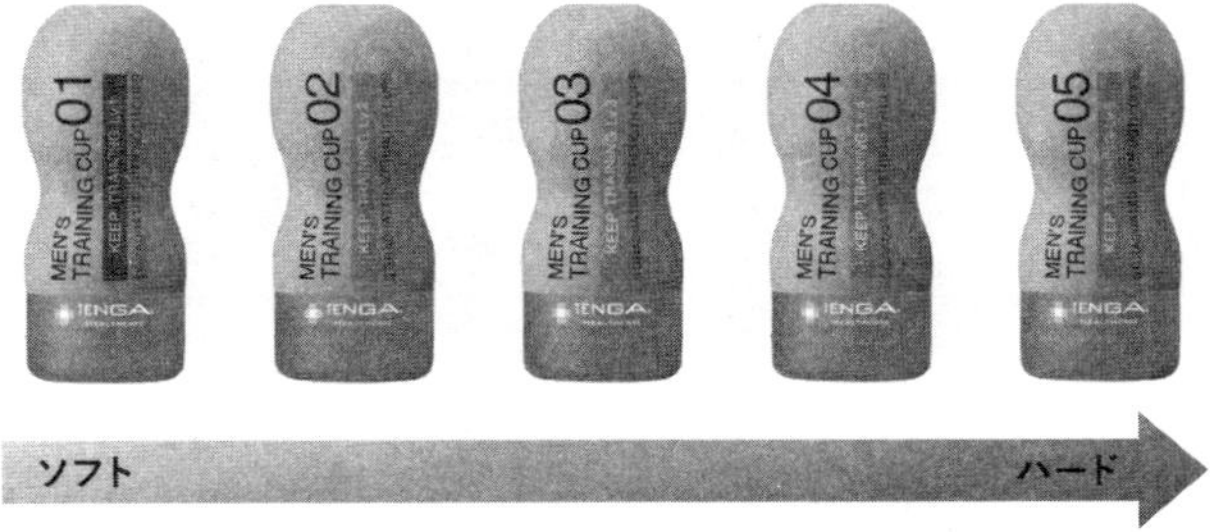


弱い刺激から徐々に強い刺激に慣れていく「TENGAヘルスケア メンズトレーニングカップ キープトレーニング」。

しかし、問題の本質が「射精をこらえきれない」という場合、骨盤底筋を意識的にリラックスさせ、射精感を遠のかせる**骨盤底筋のコントロールが早漏改善のカギとなります。**

先述のとおり骨盤底筋を鍛えるには、筋トレやウォーキングなど**下半身の筋肉を鍛える**ことです（258ページ）。また、骨盤底筋をコントロールするコツを習得したい方には、TENGAヘルスケアの「メンズトレーニングカップ キープトレーニング」という製品もオススメです。

これは、刺激に慣れながら射精コントロールができるようになることを目的としたプログラムです。最初はソフトなカップから、徐々に締め付けが強いカップへと5段階で強度を上げていきます。

## ●トレーニングする目的意識を明確に

トレーニングをする際には、「なぜ自分はトレーニングをするのか?」をぜひ問い直してみてください。

パートナーに満足してほしい、セックスを長い時間愉しみたい、ストレスを解消して前向きな気持ちを取り戻したい、セックスにまつわるコンプレクスを解消したい……。さまざまな理由があると思います。

自分の「性」と真摯《しんし》に向き合うことで、豊かな人生のさらなる一歩を踏み出せるはずですよ。

## Q22 テストステロンを手軽に補える方法はある？

### A 薬局で手に入る塗り薬「グローミン」を使うのも方法です

男性ホルモンのテストステロンは、10代後半から20歳頃をピークに、加齢とともに徐々に減少します。テストステロンが減少すると、性衝動や性機能の低下だけではなく、「やる気や集中力の低下」「不眠」「筋肉量が減る」「太りやすくなる」などの心身の変化が現れます。

「毎日を生き生きと精力的にすごしたい」と願う男性にとって、テストステロンが減ってしまうことは、生活の質を低下させ、自己肯定感や自己認識にまで深く影響を及ぼしかねません。

加齢によりテストステロンが緩やかに減ることは、避けられないことですが、「なんとか抗いたい」「病院に行くほど症状は重くないけど、手軽にテストステロンを補いたい」という方には、**テストステロンを配合した男性ホル**

## 男性ホルモンクリーム剤「グローミン®」（第1類医薬品）

有効成分として男性ホルモンであるテストステロンを配合した医薬品。一部の病院や薬局で入手できる。（大東製薬工業HP参照：https://daito-p.co.jp/）

**モンクリーム剤『グローミン®』**をオススメします。

使い方は、通常の塗り薬と同じように指先に2㎝ほど取り、陰のうの裏やアゴの下に塗るだけ。病院や医療機関で購入できるほか、第1類医薬品として薬剤師が常勤している薬局では**処方箋なし**でも購入可能です。

また、テストステロンを減らさないためには、食事や運動といった生活習慣の見直しは欠かせません。これについては第5章で詳しく取り上げていきます。

# Q 23 男性にも更年期障害はあるの？

**A** ありますす。テストステロン量の急減が要因です。泌尿器科でホルモン補充療法を行うのも方法です

テストステロンの分泌量が急激に減ると倦怠感や抑うつ、朝起きられないといった女性の更年期障害のような症状を引き起こすといわれています。また、性欲の減退も生じます。男性の更年期障害を医学的には「**加齢男性性腺機能低下症：LOH（ロー）症候群**」と呼びます。

なかでも**男性更年期障害に深く関わってくるのはストレス**です。リストラ、左遷、転勤、家族の不幸など心と体への大きなストレスによって、テストステロンが激減してしまうことが多いようです。

また、男性の更年期障害の特徴は、**個人差が大きい**ことです。起こる人もいれば、起こらない人もいますし、発症年齢も症状も人によって異なります。

男性更年期障害が気になるという方は、**泌尿器科を受診**しましょう。最近では男性更年期外来やメンズヘルス外来を設けているクリニックもあります。医療機関では、問診やテストステロン値の検査を行います。また、不調の原因となる別の病気がないかを調べることもあります。

## ●テストステロン注射という選択肢も

**テストステロンの値が低く、更年期障害の症状が重い場合には、テストステロンを注射するホルモン補充療法を行う**ことがあります。**症状が軽い場合や、持病や副作用などの関係で男性ホルモン補充療法が行えない場合は、漢方薬という選択肢**もあります。

「男たるもの泣き言を言ってはならない」と思う人もいるかもしれませんが、**テストステロンの減少やそれに伴う心身の不調は誰にでも起こりうること**です。あまりにしんどいようなら、くれぐれもガマンは禁物。更年期障害を疑って、医療機関を受診しましょう。

## 男性更年期障害の症状

### 心の症状

性欲の減少

気難しくなる

怒りやすくなる

不安・イライラ

不眠

集中力や
記憶力の低下

興味や意欲の喪失

気分が沈む

くよくよしやすい

### 体の症状

勃起力の低下

疲労感

筋力低下

筋肉痛

異常発汗

ほてり

頭痛

めまい

耳鳴り

頻尿

これまであまり知られていなかった男性の更年期障害ですが、最近は徐々に認知度が上がっています。症状は幅広く、個人差が大きいのも特徴。気になる方は医療機関の受診を。

## Q24 男性は何歳でも子づくりできる？

**A 「精子力」は加齢により低下するといわれています。精子力維持のためにも、生活習慣の見直しは欠かせません**

70代や80代という高齢で「パパ」になったハリウッド俳優のニュースを耳にすると「男性は何歳でも子づくりできるのか！」と思う方もいるでしょう。

しかし、実は男性にも「妊活のタイムリミット」があります。

その理由のひとつに**「精子力」の低下**があります。**加齢とともに精子の状態も悪くなり、精子数の減少や老化によって、妊娠させづらくなる**のです。

精子力が低下する要因として、次の3つが挙げられます。

**①医学的な要因**

・精索静脈瘤《せいさくじょうみゃくりゅう》……精巣に静脈瘤（コブ）ができ、精巣内の温度が上がり精子がつくられにくくなる

・ホルモン異常……脳の視床下部や下垂体、睾丸の病気など
・性感染症……性感染症によって精子の運動路が傷つき塞がってしまう

### ②生活習慣の要因

・喫煙
・過度のアルコール摂取や乱れた食生活
・運動不足
・睡眠不足

### ③環境的な要因

・環境汚染……農薬、重金属、大気汚染、化学物質などによるもの
・温熱ストレス……サウナやノートパソコンなど高温環境によるもの

精子力を維持するためには、やはり「食事、運動、睡眠」を軸とした健康的な生活習慣を続けることは基本中の基本となってきます。

また、適切にストレスを解消すること、定期的なセックスやオナニーで精子の新陳代謝を促し、常に新しい精子に入れ替えることも欠かせません。

## Q 25 サウナで精子の量が減るって本当？

**A** 本当です。睾丸は熱に弱い性質があるため股間を温めすぎないことが大切といわれています

サウナといえば「健康に良い」というイメージがありますが、精子力の観点からは、あまり良い影響はないといわれています。

**睾丸**（**精巣**）**は、熱に弱い**性質があります。人を含め、多くの哺乳類のオスの睾丸は体の外に出ていますが、これは体温によって睾丸の温度が上がらないようにしているためです。

そのため、100℃近くなるようなサウナの高温環境に長時間睾丸をさらすと、精子の数の減少や運動率の低下を招き、男性不妊の一因になるといわれています。

# Q 26 ノートパソコンが精子に悪影響を与えるって本当？

**A** 本当です。睾丸を温熱ストレスから守る意味では、膝上でのノートパソコンの使用やブリーフの着用は避けましょう

仕事柄、ノートパソコンを手放せない方も多いと思いますが、睾丸を温めすぎないという点では、**底面から発熱するノートパソコンを膝上に置いて作業するのは避けたほうがよい**といえます。その他にも温熱ストレスを避ける対策として、**ブリーフよりも、風通しのよいトランクスを選ぶ**ことも重要です。

また、締めつけが強すぎるウェアを着て**自転車に長時間乗ると、サドルが股間を圧迫する**ため血流が悪くなり、精子に悪影響を与える可能性があるので注意が必要です。

# Q27 古くから伝わる「金冷法」は本当に効くの？

**A** 単に冷やせば睾丸の機能が上がるというわけではありません。冷やしすぎは、血流悪化や冷えを招きます

金冷法《きんれいほう》とは、文字どおり「睾丸を冷やす」ことで精子を活性化させたり、勃起力を高めたりするといわれる古くから伝わる民間療法です。冷水を浴びる、保冷剤を当てるなどさまざまな方法があるようです。

しかし、やみくもに冷やせばいいわけではありません。体温よりも高い37℃でも、体温以下の33度でも「精子形成やテストステロン分泌に関わる細胞の機能は変わらなかった」という報告（＊16）もあります。

睾丸の冷やしすぎは、血流悪化や冷えにつながります。医学的には睾丸を冷やせば、その機能がアップする……と単純にはいえないのが現状です。

# Q28 中高年がオナニーをすると打ち止めになる？

## A まったくの迷信です

「中高年がオナニーをすると、ある日、赤い玉が出て〝打ち止め〟になる」という話を耳にしたことがある人もいるでしょう。男性にとって精子が出なくなるのは由々しき事態ですが、これはまったくの迷信です。

その他のオナニー有害論としては、「オナニーをしすぎると頭が悪くなる」という説も有名ですね。たしかにオナニーばかりして勉強時間が少なくなってしまうことでテストの点数が落ちる、という事態はありえますが、医学的根拠のない話です。

また、最近では頭が悪くなるどころか、「オナニーしすぎると死に至る」――テクノブレイクという言葉もネット上で散見されますが、これも完全なる都市伝説です。

## Q29 オナニーしすぎると体に悪い？

**A** 射精は、どんどんしてください！
射精をすればするほど、前立腺がんを遠ざけるというデータもあります

なにかとネガティブなイメージがつきまとうオナニーですが、私が常日頃から声を大にして言っているのは「**中高年は性機能維持のために、オナニーを積極的にしてください**」ということです。**目安は週に4回、もちろん毎日しても構いません。**

### ●オナニーで性機能の維持、幸福感アップ、不眠の解消も！

中高年男性がオナニーをすると、健康面においてさまざまなメリットがあります。

男性がオナニーを定期的にすることは、定期的にペニスを勃起させることを意味します。**みずから勃起を促すことで、ペニスに新鮮な血液が送られるため、ペニスの組織線維が硬くなる「線維化」を防ぐ**ことができます。

また、オナニーでオルガズムを得ると脳では、β-エンドルフィン、オキシトシン、ドーパミンといった脳内神経伝達物質（脳内ホルモン）が分泌されます。これらは、**ストレスの緩和**やリラックスした気分を促してくれる効果があります。その結果、気持ちが軽くなり、**幸福感を得られる**というわけです。

また、β-エンドルフィンには鎮静効果があり、**寝る前にオナニーをすることで不眠の改善、睡眠の質の向上**が期待できます。

さらに週2回以上、セックスをする男性は、心筋梗塞など心血管系の発病リスクが低くなるという研究結果（＊17）もあります。これはセックスに関する報告ですが、オナニーを定期的に行うことでリラックス効果を得た結果、**間接的に心血管の健康を促進できる可能性がある**ことも考えられます。

## ●「接して漏らさず」は過去のもの

江戸時代の健康書のベストセラー、貝原益軒《かいばらえきけん》による『養生訓《ようじょうくん》』には、「接して漏らさず」という有名な一文があります。

女性の体に接する（触る）のは良いことだけれど、漏らして（射精）はいけない、というものです。射精をすると全身をめぐるエネルギーが体外に出てしまい体力を消耗してしまうのでコントロールしよう、という考えのようです。

しかし、現代では、オナニーでペニスを勃起させ、射精までするほうが「健康に良い」ということが数々の研究で明らかになっています。

まず、骨盤底筋への影響です。**オナニーで射精することで、精液の一部で**

**ある前立腺液を前立腺でつくり、精液を噴出させる骨盤底筋そのものを鍛えることにつながります。**

また、射精と前立腺がんの関係を調べた研究（＊18）では、月21回以上（週4～5回）射精している人は、月4～7回しかオナニーをしていない人に比べて、**前立腺がんのリスクが約2割少ない**ことが報告されています。

「がん」というと、すぐに思いつくのは胃がんや肺がんですが、実は日本人男性の罹患率がもっとも高いのが「前立腺がん」です。他のがんに比べると死亡率はあまり高くないとはいえ、高齢者だけでなく、40代や50代の働き盛りにも見つかることが少なくありません。オナニーで気持ちよく射精をすることが、がん予防に一役買うとは、まさに一石二鳥といえるでしょう。

日進月歩の現代医学では、「接して漏らして」がスタンダード。これを聞いたら天国の貝原益軒は、どんな顔をするでしょうか。

## Q 30 「やってはいけないオナニー」って？

**A** 床にペニスをこすりつける「床オナ」や強グリップのオナニーは習慣化されると、腟内射精障害の原因になることも

日頃から「オナニーはどんどんしてほしい！」と推奨しているのですが、「やってはいけないオナニー」もあります。

そのひとつが**床《ゆか》を使ったオナニー、通称「床オナ」**です（非用手的《ひようしゅてき》マスターベーションと呼ばれることもあります）。

具体的には、床や布団にペニスをこすりつけながら、手を使わずにオナニーをしている状態です。床の刺激は手よりも強く、多くの場合は半勃起の状態で射精をしているので、それに慣れきってしまうと、**完全に勃起した状態では射精ができなくなる**リスクがあります。

その他にも不適切なオナニーの例として、**強く握りすぎる（強グリップ）**、

**速く動かしすぎる（高速ピストン）**、**水流をかける（シャワーオナニー）**、**過度な振動を与える**……などがあります。㈱TENGAの調査（＊19）では、不適切なオナニーを行っている男性の多くは、その方法を「普通だ」と思い込み、習慣化させてしまっていることが報告されています。

「オナニーくらい好きにしていいじゃないか」という声もあるかもしれませんね。しかし、不適切なオナニーに慣れきってしまうと、生身の女性とセックスするときに柔らかい膣の中では感じられなくなったり、**射精までに時間がかかる「遅漏」や、膣内で射精できなくなったりする「膣内射精障害」の原因**となってしまいます。

不適切なオナニー以外にも、緊張や不安など心理的な原因で膣内射精障害に陥るケースもあります。**膣内射精障害は男性不妊につながる**ことがあるので、医師が警鐘を鳴らしています。

## Q31 間違ったオナニーによる膣内射精障害を治すには？

**A トレーニングカップを利用するのも方法。徐々に弱い刺激に慣らしていきましょう**

不適切なオナニーの結果、「ひとりなら射精できるのに、セックスではできない」といった膣内射精障害になった場合、改善方法のひとつにTENGAヘルスケアによる「MEN'S TRAINING CUP（メンズトレーニングカップ）」を用いる方法があります。

このトレーニングカップは、圧力の強度が異なるレベル1からレベル5まで、計5つのカップが1セットになっているのが特徴です。最初は刺激の強いタイプを用いて、慣れてきたら弱いタイプへ徐々に慣らしていくことで、オナニーの「リハビリ」を行うというものです。最終的には、もっとも刺激

## 膣内射精障害を改善するトレーニンググッズ

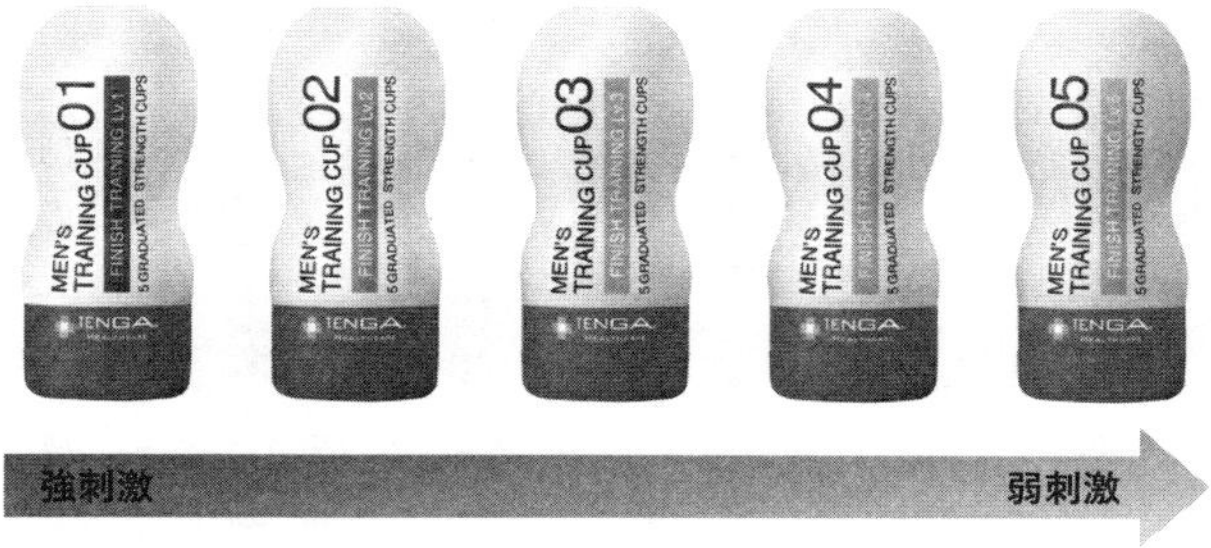


「TENGAヘルスケア メンズトレーニングカップ フィニッシュトレーニングシリーズ」。強い刺激からスタートし、最終的には弱い刺激でも射精できるよう男性機能を鍛える。

の弱いカップで15分以内に射精ができるようになることがゴールとされています。

この方法のメリットは、病院に行かなくても、自分で行える手軽さです。実際に使用した方の中には、「膣内で射精できるようになって、妊娠できた」「自分に自信がついた」などの感想もあるようです。

トレーニングカップを試したものの、あまり改善が見られない場合は、膣内射精障害に特化したメンズヘルス外来や泌尿器科に相談してみるのもよいでしょう。

# Q32 最近、アダルトビデオを見ないと勃たない……これってEDなの？

**A** 「インターネットポルノ依存症」かもしれません。ポルノ依存はEDにつながるともいわれています

性的嗜好が過激になってきた、パートナーに魅力を感じない、やる気がない、うつ傾向にある、パートナーとのセックスでは勃たない、最後まで射精できない……そういった不調の背景に「インターネットポルノ」の影響があるかもしれません。

これらに3つ以上当てはまると、**「インターネットポルノ依存症」**の可能性があります。

① ポルノ（アダルト動画）を見ないと十分な勃起ができない
② 挿入を伴うセックスに刺激を感じない

③ポルノ（アダルト動画）のほうが現実のパートナーとの性行為より興奮する
④性的嗜好が以前より過激になった
⑤昔見ていたポルノ（アダルト動画）ではもう興奮しない
⑥ポルノ（アダルト動画）なしでオナニーできない

## ●インターネットの普及で脳は常に強い刺激にさらされている

エッチな雑誌や写真集をこっそり買い求めたり、人目を避けながらピンク映画を見たり、画質の粗いアダルトビデオを友人と共有したり……昭和の時代には、エッチなコンテンツを入手するにもそれなりの苦労がありました。

しかし、今やインターネットの普及により、時間や場所を問わず、好みの女性が出演する好みのアダルト動画をすぐに見られる時代です。これまで見たことのなかったような過激な動画にもインターネットでは容易にアクセスできます。

このとき私たちの脳はどうなっているのでしょうか。ここでカギとなるのが、快楽ホルモンと呼ばれる「**ドーパミン**」です。**ドーパミンは、やる気や幸福感など私たちの「生きていくモチベーション」を形成してくれる大切な脳内神経伝達物質**です。

このドーパミンを分泌するために、私たちの脳には「報酬系回路」というシステムが備えられています。この報酬系回路は、脳の中の快感に関わる神経系で、美味しいものを食べる、楽しいことをするといった「喜び」や、仕事などで頑張ったあとの「達成感」を感じたときに活性化され、ドーパミンを分泌します。

## AVの強烈な性的刺激で生身の女性に興奮できなくなる

しかしインターネットが普及した現代、アダルト動画などの**強い人工的な刺激によって報酬系が活性化され、大量のドーパミンが一気に分泌される**環境に私たちの脳はさらされているのです。

アダルト動画などの強すぎる刺激に慣れきってしまうと、私たちの脳の報酬系回路が正常に機能せず、これまでと同じような刺激を与えられても、うまくドーパミンを分泌できなくなってしまいます。

その結果、生身の女性を目の前にしても性欲が湧かず、パートナーとのセックスで燃え上がれない、インターネットのアダルト動画なしでは勃起しない、射精できない、集中力ややる気が出ない……といった「**インターネットポルノ依存症**」の状態が引き起こされるのです。58ページでEDの種類を取り上げましたが、**インターネットポルノ依存症はEDを発症する原因**といっても過言ではありません。

こういった依存状態を即座に治療・改善することはなかなか難しいものですが、常日頃からアダルト動画による強い刺激でのオナニーに慣れすぎないこと、自覚症状がある人は定期的な「アダルト動画断ち」をするのもよいでしょう。またあまりに日常生活に支障が出る場合は、性依存症の専門医や自助グループを訪れてみるのもひとつの手段です。

COLUMN

データで紐解く全国の性事情②

# マスターベーションを週1回以上している県民とは？

定期的なマスターベーションはペニスへの血流を促し、性機能の維持、前立腺がんの予防にもつながります。そして、実はその頻度にも興味深い地域差があるようです。
週1回以上マスターベーションをする人の割合は、全国平均で38.3%。1位の岩手県では51.4%と、実に2人に1人が定期的に行っているという結果に。続く奈良県、群馬県、大分県も高い数値を示しています。これは、性機能維持に積極的で、性的関心度の高さの表れとも考えられます。

一方、京都府（27.1%）を筆頭に福岡県、山口県などでは比較的、マスターベーションの頻度が低いという傾向が。特に興味深いのは、マスターベーションの頻度が低い県と「セックスをしたいと思わない」という回答が多い県が重なる点です。大阪府、岡山県、千葉県、長崎県など、セックスへの意欲が低い上位県は、マスターベーションの頻度も低めという、まさに表裏一体の結果となっているのです。

**「マスターベーションを週1回以上している」の割合**

| 割合が高い都道府県 | |
|---|---|
| **1位** | **岩手県（51.4%）** |
| 2位 | 奈良県（47.7%） |
| 3位 | 群馬県、大分県（45.8%） |

| 割合が低い都道府県 | |
|---|---|
| **1位** | **京都府（27.1%）** |
| 2位 | 福岡県（29.0%） |
| 3位 | 山口県（30.8%） |

※18歳から69歳の男女・合計5,029人を対象にアンケート調査を実施

出典：「【ジェクス】ジャパン・セックスサーベイ2024」

# 第3章

# 男性だけが知らない オンナの性学 Q&A

# 女性の心と体は、年齢とともにどう変化する？

「妻が最近、セックスに消極的になってしまった……」

長年連れ添ったパートナーとの性生活において、体調の変化やコミュニケーションのギャップに戸惑う中高年男性は少なくありません。パートナーがセックスに乗り気でないのは、ひょっとしたら加齢による性交痛が原因かもしれません。

女性の場合、年齢を重ねるに伴ってセックスでは次のような変化が生じます（＊20）。

**・膣が濡れるまで時間がかかるようになる**
**・愛液の量が減る**
**・外陰部、クリトリス、胸などの性感帯の感度が落ちる**
**・愛撫されても集中できない**
**・性欲が減退する**
**・性的な想像をしなくなる、性的な関心がなくなる**

これらの変化は、女性ホルモンのエストロゲンと深く関わっています。エストロゲンは、排卵や月経、妊娠に必要な子宮環境を整えるほか、自律神経や肌の潤い、関節など女性の体の至るところに影響を及ぼしているホルモンです。女性は閉経すると卵巣機能が止まり、このエストロゲンの分泌量が激減してしまいます。

しかし男性だけでなく、女性自身も自分の体にどのような変化が起こるのかを意外と知らないものです。かつて私がFacebookコミュニティ「富永喜代の秘密の部屋」のメンバーを対象にアンケート調査を行ったところ、大人の性交痛や腟萎縮について「知っていた」と回答した男性は2割弱、女性は3割でした。

自分の体だけでなく、パートナーの体の変化について知ることで、相互理解につながり、「女性も大変だよね」「年を重ねて体が変化するのは、お互いさまだよね」というやさしい気持ちも芽生えてくることでしょう。正しい性の知識は、パートナーへの思いやりを生み、豊かな性生活につながります。

この章では、月経や更年期、女性の性欲、性交痛まで、「女性の心と体」「健康と性」にまつわる疑問や誤解を取り上げていきます。「知らなかった！」「へ～そうなんだ」と思わず膝を打つ項目があれば、ぜひパートナーとも共有してみてくださいね。

# Q33 女性は「生理前に性欲が増す」って本当？

**A** 性欲が増す人もいます。
女性の性欲はエストロゲンの増減に比例します

**女性の性欲は、女性ホルモン「エストロゲン」に大きな影響を受けます。**エストロゲンは月経周期の中で高くなったり低くなったりする「波」があります。月経周期は約28日で、月経がある女性（閉経前の女性）の場合、エストロゲンが増える時期は性欲が高まる傾向があります。月経周期のなかでエストロゲンが多く分泌されるタイミングは、2回。**「排卵日の前」と「月経（いわゆる生理）が始まる前」**です。

まず、**もっともエストロゲンが増える、つまり性欲が増すのが排卵日前**です。この時期は妊娠する可能性が高いため、よく「危険日」と呼ばれています。つまり妊娠の可能性が高くなる時期にエストロゲンが多く分泌され、性

## 月経周期とエストロゲンの波

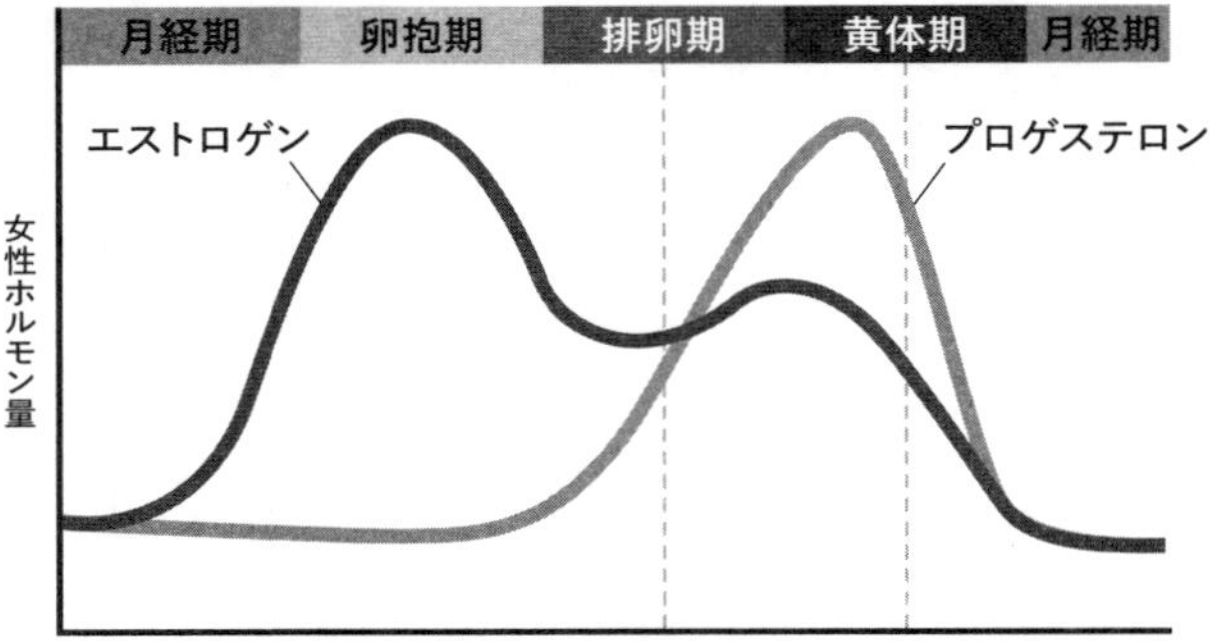


女性ホルモンは、常に一定ではなく上がったり下がったり、毎月「小さな波」を起こすことを繰り返しています。 これによって女性の体調は目まぐるしく変化しています。

欲も強くなるということ。セックスによって人が子孫を残し続けてきた長い進化の歴史を考えると、理にかなっているといえますね。

もうひとつの波が**月経前**です。すでに排卵は終わり、妊娠する可能性が低い時期に、2度目の性欲のピークが来ます。女性の性欲の2つの波――生殖のためのセックスは人類の子孫繁栄には欠かせないものですが、生殖目的でないセックスを愉しむことも、人は遺伝子にしっかりと組み込んでいるのかもしれませんね。

## Q34 女性は年を重ねると、性欲が増すって本当？

**A** 個人差はありますが増す人もいます。
男性ホルモンの働きが相対的に増すためと考えられます

「三十させ頃、四十し盛り、五十ゴザかき……」これは女性が年齢を重ねるごとに性欲やセックスへの快楽が増していくことを表す言葉です。医学的にも**女性の性欲は20代から徐々に高まり、30代後半から40歳頃にピークを迎える**といわれています。なぜ女性は年齢とともに性欲が増していくのでしょうか？ ここでカギとなるのが、性欲を司る**テストステロン**です。

まず男性の場合、テストステロンは20代前半をピークに、その後は徐々に減少していくことはすでにお話ししましたね。つまり、ホルモン分泌の観点からいえば、男性の性欲のピークは20代前半ということ。

テストステロンといえば男性特有のものというイメージがありますが、実は**女性の体でもつくられています。**男性の場合、テストステロンがつくられるのは睾丸と副腎です。対して、女性の体では卵巣と副腎でテストステロンがつくられ、その量は男性の10分の1程度といわれています。

女性の体では、**更年期（閉経を挟んだ前後5年間）になると、女性ホルモンのひとつエストロゲンの分泌が急激に減っていきます。**すると、**激減するエストロゲンに対して、相対的にテストステロンの量が多くなり、その結果、性欲が強くなる**のです。

個人差はありますが、女性の場合、性欲は更年期にさしかかる少し手前の30代後半～40代で高まっていくといわれています。そのため20代前半で性欲のピークを迎える男性と、ズレが生じるのですね。

女性の性欲は体調や月経周期によっても変動しますが、このことを少し頭に入れておけば、ときに「難解」「複雑」といわれる女心を理解する一助になると思います。

## Q35 ピルを飲んでいる女性は性に奔放なの？

**A** 避妊目的だけでなく、体調管理のために低用量ピルを服用する人が増えています

女性が「ピルを飲んでいる」というと、「性に奔放《ほんぽう》」というイメージがまだまだ根強いようです。しかし、必ずしもピルは避妊目的のためだけに飲むものではありません。

ピルには複数の種類がありますが、私たちがよく「ピル」と呼んでいるのは、**「低用量ピル」**を指します。低用量ピルには月経に関わるエストロゲンやプロゲステロンといった女性ホルモンが含まれています。簡単にいえば低用量ピルを飲むと脳は「あ、もうすでに女性ホルモンは十分あるから、脳ではつくらなくていいんだな」と認識し、その結果、**排卵が抑制されます。**

そもそも排卵をしていないのですから、いくら精子が体の中に入ってきて

も、受精することはありません。そのため、低用量ピルを正しく飲めば、高い避妊効果が得られるというわけです。

しかし、低用量ピルの効果はそれだけではありません。

月経は「赤ちゃんのベッド」ともいわれる子宮内膜が剝がれ、血液とともに体の外に排出される現象です。しかし、低用量ピルを服用すると排卵が止まるため、赤ちゃんのベッドも子宮内で準備されず、結果として月経量が減ったり、月経痛が抑えられたりします。

つまり、**「避妊できる」というのは低用量ピルの数あるメリットのごく一部。**

月経は個人差が大きく、経血量《けいけつ》が多い人もいれば、少ない人もいます。ケロッとしている人もいれば、倒れそうなほどの月経痛に苦しむ人もいます。毎月の不調は仕事や勉強にも大きな影響を与え、生活の質を低下させるので、**最近では、体調管理のために低用量ピルを服用する女性も増えてきています。**

低用量ピルは必ずしも「避妊目的」だけではないことを、ぜひこの機会に知っていただきたいと思います。

## Q36 生理前、パートナーがイライラしているのはなぜ？

**A** ひょっとするとそれ、「PMS（月経前症候群）」かもしれません

イライラして言葉がキツくなったり、急に泣き出したり、何気ない一言で人が変わったように怒り出したり……「これだから女性の気持ちはわからない」とため息をついた経験のある男性もいるでしょう。

ひょっとするとそういった女性の変化は、**PMSが原因かもしれません。PMSとは「月経前症候群」のことで、月経の3～10日前に起こるさまざまな不調や症状**を指します。

PMSの症状は多様で、一説には200種類以上といわれるほど。代表的な症状として、イライラや気分の落ち込み、集中力の低下、やる気が出ない、情緒不安定といった精神的な不調から、下腹部や腰の痛み、乳房の張りや痛み、吐き気、むくみ、便秘、肌荒れ、不眠や過眠などの身体的不調があります。

さらに甘いものが急激に食べたくなるなど行動面に影響が及ぶ人もいます。

ＰＭＳは性生活にも深く関わってきます。「いつもは感じる胸の愛撫を『痛い！』と嫌がられた」「普段どおり愛撫をしても、なかなか彼女が濡れない」といった変化を感じたことがある男性もいるのではないでしょうか。

ＰＭＳの詳しいメカニズムについては、いまだ研究途上のことも多いようですが、女性ホルモンのエストロゲンとプロゲステロンの乱高下が深く関わるといわれています。生活に支障が出るほどひどいＰＭＳの場合、ホルモンバランスを整えてくれる低用量ピルや漢方薬、抗うつ薬などで治療する方もいます。

ＰＭＳは当人だけでなく、パートナーや家族、職場の同僚など周囲の人にも影響を与えます。たとえＰＭＳといえども、理不尽なイライラを一方的にぶつけられたら誰しも不愉快なものですが、男性も女性も「ＰＭＳで苦しむ人もいるのだな」ということを頭の片隅に置いておくと、いたわりの気持ちが生まれるのではないでしょうか。

## Q37 最近よく聞く「フェムテック」ってなに？

**A** 女性特有の健康課題を解決することを目指すFemale(女性)＋Technology(テクノロジー)からなる造語です

近年、「フェムテック」という単語を耳にしたことはないでしょうか。「聞いたことあるけどなんだかよくわからない」という方も多いと思います。**フェムテックとは「Female（女性）＋Technology（テクノロジー）」からなる造語で、さまざまな女性特有の健康課題を解決するサービスや商品の総称。**現在、世界的な盛り上がりをみせています。

TENGAヘルスケアの調査（＊21）では、「フェムテックという言葉を知っている」と答えた人は、男女ともに全体の約2割程度でした。認知度こそ高いとはいえないものの、「フェムテックブームについてどう思いますか」

という問いには女性の65・0％、男性の過半数が「良い」と思っているという結果になっています。女性だけでなく、男性からも「公に話すことがタブー視されている女性の性の問題に対して、発言や表明をしやすくなる」「フェムテックという言葉が広まれば、男性も（自分で）調べて学ぶことができる」などポジティブな意見が見られる点も注目ですね。

また、厳密には「テクノロジー」とはいえないまでも、生理用品やホルモン検査のサービスなど、さまざまな方法で女性をケアする製品やサービスを「フェムケア」と呼ぶこともあります。

最近は、女性のデリケートゾーン用のソープやウーマナイザーなどのフェムテック・フェムケア商品がドラッグストアの店頭に並ぶようになり、私たちの身近なところにもフェムテック普及の機運の高まりが感じられます。

科学技術の進歩は、私たちの心や体、暮らしが良くなるために使ってほしい、と医療従事者として切に願っています。

## フェムテックにより進化する女性向けアイテム（例）

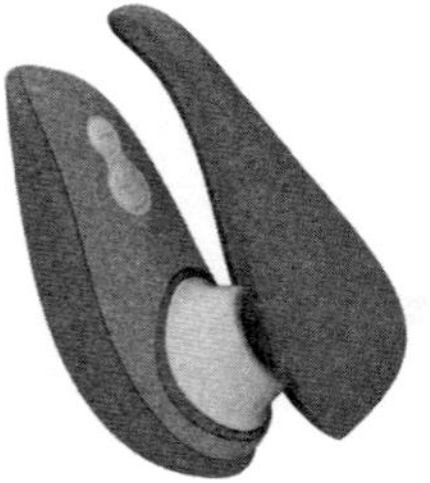

### クリトリス吸引型
## ウーマナイザー リバティ2

ウーマナイザーは、2014年にドイツで誕生した吸引式バイブ。美容家電のようなフォルムは、オナニー初心者の女性でも手に取りやすい。

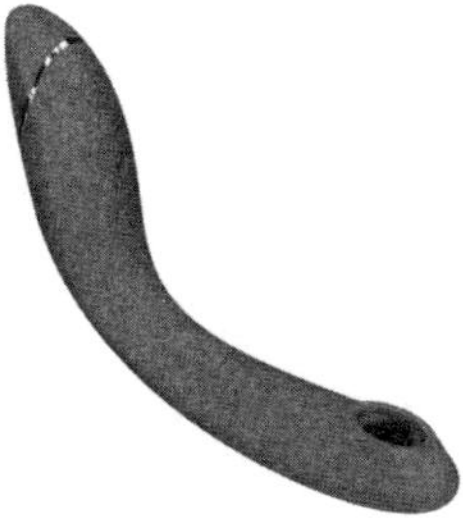

### Gスポット刺激型
## ウーマナイザー OG

Gスポットを吸引してくれるアイテム。タッチセンサー機能がついているので、ボタンを押さなくても肌に当てるだけで吸引が自動的にスタートする。

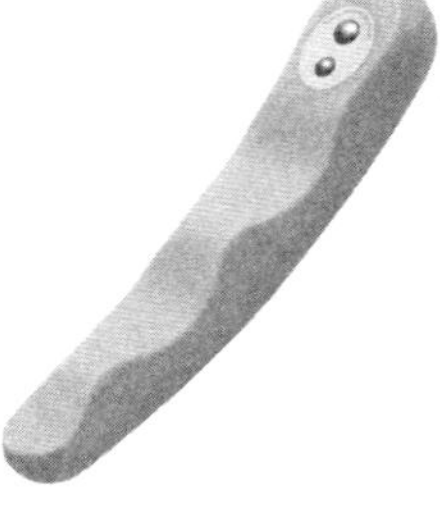

### しなやかな触感が好評の
## iroha Fit みなもづき

ふわふわ、すべすべとしたソフトな触り心地が女性に人気。細身でしなやかなフォルムなので、挿入時にも痛みを感じづらい。

## Q 38 彼女が「オナニーをしていない」というのは本当？

**A** そうかもしれません。日本人女性のオナニー経験率は、「およそ6割」というデータもあります

ここではまず、データから紐解いていきましょう。TENGAヘルスケアが行った世界18か国の18歳から74歳の男女、約1万3000人に行った大規模調査（＊22）をご紹介します。

日本人男女1000人（男性483人、女性517人）のうち、「オナニーをしたことがある」と回答した人は男性が96％、女性が58％でした。

また、普段「週1回以上オナニーしている」と答えた人の平均頻度は、男性が週4・5回、女性が週3・6回でした。つまり**女性でオナニーをしているのはおよそ6割**、経験者は週3～4回ほどオナニーをしているということです。

さらに「オナニー経験率」を世界比較すると18か国中、日本人男性は5位

でしたが、**女性は18か国中13位、世界の平均以下という**結果に。なお、男女ともに世界1位はブラジルでした。

彼女が「オナニーをしたことがない」と恥じらう要因はいくつか考えられます。「女性は性的な話題には慎み深くあるべき」といった社会規範から「オナニーなんてしたことないわ」と、ついうそぶいてしまう人もいるでしょう。女性の場合、セックスの話は友人と「恋バナ」の延長でできても、オナニーの話をオープンにできる人はまだまだ少ないようです。

## オナニーに罪悪感を覚える女性もいる

さらに、**子どもの頃から性をタブー視する環境で育ったため、成人後もオナニーに罪悪感を覚える**といった女性の声は、私の元にもしばしば寄せられます。

オナニーが男性に与える良い影響は、112ページでもお話ししましたが、女性にとってもオナニーは、リラックス効果や不眠改善など嬉しい影響がたくさんあります。ストレス社会に生きる女性にとって、オナニーは「エッチなもの」という以上に「ストレス解消手段」の意味合いが強いことを示唆するデータもあります。しかし、罪悪感からオナニーを控えてしまったり、オナニーをしたあとにつらくなってしまったりするのは、とても残念なことです。

オナニーに過度な罪悪感を抱いてしまう方には、「オナニーをしたら枕カバーを交換する」など、オナニーを前向きな行動と結びつけることで、罪悪感を軽減できる場合もあります。「ああ、オナニーしてしまった……」と罪悪感にひたるのではなく、「オナニーしたから、ベッドまわりがきれいになってよかった！」と**前向きな気持ちになれるよう、行動から視点や気分を変えてみる**というわけです。

男性とは異なる女性のオナニー事情。彼女のささいな一言からも、男女の違いがうかがえると思います。

# Q39 なぜ男性のほうがオナニーをするの？

A 男女の賃金格差などの経済事情が、オナニーの回数に影響を与えているという説もあります

女性の性がオープンに語られる機運が高まってきているとはいえ、日本では男性が愉しむための性的コンテンツやサービスのほうが、まだまだ多いのも現実です。そこには、**男女の「オナニー格差」**が横たわっています。

その背景を考えるヒントとして、ここでは日本を含む世界11か国の約1万4000人を対象に行われた「世界のマスターベーション・ギャップ調査」をご紹介します。

マスターベーション・ギャップとは、1年間に行うマスターベーション回数の男女格差を指します。この調査によると、女性が1年間でオナニーするのは平均70回であるのに対して、男性は平均166回で、男女のマスターベ

ーション・ギャップは58％でした。つまり、**世界的に女性は男性の6割弱しかオナニーをしていない**ということです。日本では、格差はさらに広まり、日本人男性は150回、女性は51回とマスターベーションギャップは66％。これは、調査対象の11か国中で最下位でした。

性科学者のエリザベス・ノイマン先生によれば、**男女のオナニー格差には、経済事情が映し出されている**と報告されています。男性より女性のほうが、世界的にも収入が低い傾向があり、コロナ禍など不安定な経済状況に陥ると、女性のほうがさらに経済的ダメージを受けやすいという話を聞いたことがあるでしょう。不況のあおりを受けて経済的に困窮すると、精神的なストレスから性欲が減退し、セックスやオナニーに割く精神的・金銭的・時間的な余裕がなくなるのだといいます。「貧すれば鈍する」ならぬ、「貧すればオナニーせず」というわけです。

オナニーはきわめて個人的な行為ですが、ここまで**経済や社会情勢の影響が及んでいる**とは驚きですね。

## Q 40 セックスで女性ホルモンが活性化されてキレイになる？

**A** 誤解です。セックスで女性ホルモンは分泌されません

「セックスをしている女性は、女性ホルモンがたくさん出るからキレイになる」という言説がありますが、これは誤解です。

セックスをすることで、肌や髪のツヤなど「キレイ」に関わる女性ホルモンのエストロゲンが増えることはありません。

**セックスでオルガズムを得ることで出るのは、ドーパミンやβ-エンドルフィンやオキシトシンといった脳内ホルモン**です。これらの脳内ホルモンによって、不眠やストレスが解消され、結果的に「キレイになる」ことはたしかにありえます。女性ホルモンも脳内ホルモンも、「ホルモン」という言葉が使われているため、こういった誤解が生まれたのかもしれませんね。

## Q41 彼女のアソコ、気になるニオイの正体は？

**A** 加齢によるエストロゲンの減少が引き金となり、腟内の悪玉菌が増えることが要因です

クンニをしようとしたけれど、彼女のアソコのニオイが気になる……。しかし、当人に直接「アソコがクサイよ」と指摘する人は少ないでしょう。私が約1万4000人の中高年男女を対象にインターネット調査を行ったところ、女性パートナーのデリケートゾーンのニオイが「気になる」と回答した男性は約4割でした。

**女性のデリケートゾーンのニオイと加齢は深く関わっています。**女性の腟は普段、酸性に保たれています。これは善玉菌（乳酸桿菌《かんきん》）の働きによるもので、病原体や雑菌が体に入るのを防いでくれています。

しかし、加齢により女性ホルモンのエストロゲンの分泌量が低下すると、

それが引き金となり、ニオイを抑える善玉菌が減少してしまうのです。すると**膣内の悪玉菌が増え、ニオイが悪化する**のです。

善玉菌や悪玉菌というと、腸の話のようですが、女性の膣にもさまざまな細菌が生息して体を守ってくれているのです。この細菌の集まりを「**膣内フローラ**」といいます。

「ニオイが気になるなら洗えばいいじゃないか」と思う方もいるかもしれませんが、**ボディソープなどでパートナーの膣の中まで念入りに洗うことはタブー**です。膣の善玉菌が石鹸で死滅してしまい、酸性を保てなくなった膣には、さらに悪玉菌が侵入・増殖してしまいます。

ニオイ対策として最近は、膣内フローラを整える**乳酸菌が入ったデリケートゾーン専用のジェル**も開発されています。もちろん加齢以外にもクラミジアや淋病《りんびょう》などの性感染症で膣がにおうこともあるので、少しでも膣に違和感があったら医師に相談しましょう。

# Q 42 アソコが黒いのは、遊んでいる証拠？

**A** 医学的根拠のない俗説です。
黒ずみは炎症や摩擦、ホルモンの影響によるものと考えられています

「アソコが黒いのは遊び人の証拠」「セックスしまくっているとアソコが黒くなる」といった、性的な経験の豊富さと性器の黒ずみを結びつけるような言説があります。

しかし、これらは**医学的根拠のない俗説**です。デリケートゾーンは、他人と直接比べる機会がほとんどないため、「アソコが黒いね」と男性から指摘されて深く傷ついたり、密かにコンプレックスを抱えたりする女性は少なくありません。

**デリケートゾーンの黒ずみの主な原因は、炎症や摩擦、そして女性ホルモ**

**ンの減少**です。

性器をナイロンタオルで強くこすり洗いをしたり、合成繊維の下着による摩擦が長期間にわたって続いたりすると、性器の黒ずみが目立つようになる場合があります。また、性感染症などの炎症性疾患やナプキンによる「かぶれ」が慢性化すると、それが黒ずみの要因になることもあります。

さらに、加齢による女性ホルモン（エストロゲン）の分泌低下は、黒ずみの原因となる「黒色《こくしょく》メラニン」の生成を増加させる要因とされています。その他にも、ストレスや喫煙、睡眠不足、生活習慣病などが引き起こす老化物質や活性酸素の増加によって、肌の黒ずみが生じることもあります。

「セックスで性器が黒ずむ」という言説は、摩擦による影響を指摘しているようですが、日常的に身に着ける下着と比較すると、セックスによる摩擦の時間はきわめて短いものです。そのため、**短時間のセックスで、性器まわりの肌が黒ずむ可能性は低い**と考えられます。

## Q43 「セックスすると痛い……」このとき、女性の体では何が起こっているの？

**A** 性交痛かもしれません。セックス時の痛みの原因はさまざま。痛みがひどい場合は「性交痛外来」を受診するのも一案です

「近頃、パートナーがセックスを拒否するようになった」

こうした男性のお悩みの背景には、女性が「セックスへの痛み」を感じているケースが潜んでいることが少なくありません。**セックスのときに感じる痛みを医学的には「性交痛《せいこうつう》」**といいます。

一口に「痛い」といっても、性交痛にはさまざまなバリエーションがあります。

「ペニスを入れるときに痛みを感じる」

「挿入はできるが、動かれると痛い」

「膣の入口が狭くて痛い」
「奥に挿入されると痛い」
「クリトリスを触られるだけで痛い」
「相手のペニスが大きすぎて痛い」
「初めて挿入したときから、ずっと痛い」
「同じパートナーと長くセックスしているのに、最近になって痛い」
「交際相手が変わってから痛くなった」

女性の中には、セックス時の痛みを口に出さず、「これが終わるまで、私がガマンすればいいのよね」と耐え続ける女性も少なくありません。多くの場合、パートナーと性に関する話をこれまでしてこなかったため、性交痛を打ち明けづらいのだと思います。当然、このような状況が続くと、セックスそのものが苦痛になり、次第にセックスを拒否するようになるのは自然な流れといえるでしょう。

# Q44 性交痛はなぜ起こるの？

## A 「萎縮性腟炎」や心理的な要因などが考えられます

性交痛の原因は「どの部位が痛いのか」によって、おおまかに予測できます。特に中高年以降の女性に多いのが、**「萎《い》縮《しゅく》性《せい》腟《ちつ》炎《えん》」**による性交痛です。

女性ホルモンのエストロゲンは、腟の粘膜に潤いを与える役割を担っていますが、更年期以降は**エストロゲンが減少することで腟の粘膜の潤いが減り、ときに萎縮してしまいます。その結果、粘膜が摩擦に弱くなり炎症が起こりやすくなります。**

**心因的な要因**も見逃せません。過去の性交痛の記憶から「また痛くなったらどうしよう……」という恐怖や不安で、痛みをより強く感じるケースもあります。

性交痛外来では、痛みを感じる部位やタイミング、痛みが始まった時期、痛みの程度、これまでの治療やケアの履歴を詳しく聞き取ります。また、必要に応じて外陰部の視診、感染症やがんの検査などを行い、痛みの原因を突き止めていきます。

**性交痛対策には、自宅で行えるセルフケアもたくさんあります。**エストラジオール（エストロゲンの主成分）配合のオイルを使い、性交痛を和らげるセルフマッサージを行う方法。また、膣の奥が萎縮している場合は、膣を拡張するための医療機器「膣ダイレーター」をオススメする場合もあります。

パートナーを愛しているかどうかにかかわらず、女性の体は、**加齢によるホルモンの変化で「セックスをしたいのに、痛くてできない」という状況になることがあります。**しかし、適切なケアを行うことで、こうした問題を軽減することができるのです。パートナーがセックスに消極的になっている理由のひとつに、性交痛が潜んでいるかもしれません。男性も、女性の体の変化について知り、ふたりで適切な解決策を見つけていきましょう。

## 「痛みを感じる部位」と性交痛の要因

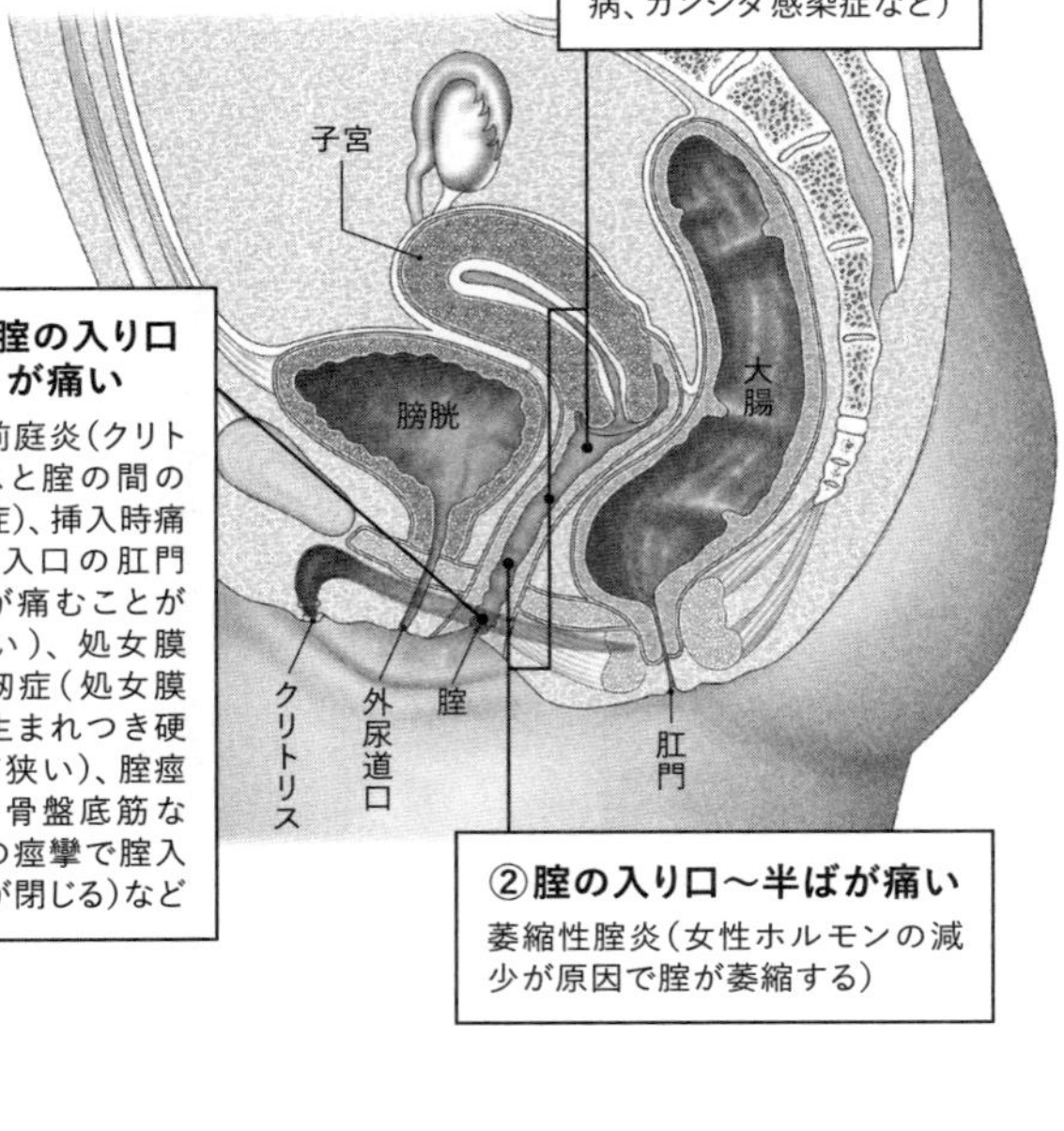


**①腟の奥が痛い**
子宮筋腫、子宮内膜症、性感染症(クラミジア、淋病、カンジダ感染症など)

**③腟の入り口が痛い**
腟前庭炎(クリトリスと腟の間の炎症)、挿入時痛(腟入口の肛門側が痛むことが多い)、処女膜強靭症(処女膜が生まれつき硬くて狭い)、腟痙攣(骨盤底筋などの痙攣で腟入口が閉じる)など

**②腟の入り口〜半ばが痛い**
萎縮性腟炎(女性ホルモンの減少が原因で腟が萎縮する)

一口で「痛い」といっても、痛みを覚える場所によって性交痛の要因は変わってきます。特に性感染症の場合は、痛み以外にもオリモノの量が増える、普段と違ったニオイがすることがあります。

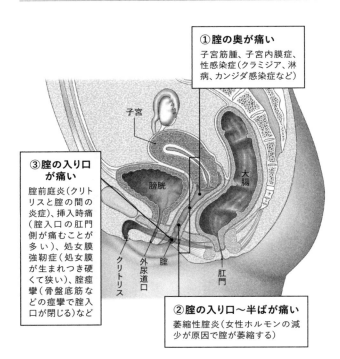

## Q45 最近、彼女が濡れないのは愛情がなくなったから？

**A** そうとは限りません。
体調などによって膣の分泌液の量は変化します

「セックスで濡れづらい」と訴える女性は少なくありません。

特に中高年の場合、**更年期以降のエストロゲンの減少**によって、膣の乾燥や膣内部の分泌物の減少が起こりやすくなります。また、**若い女性でも月経周期やストレスによって、膣の潤いが変化する**ことがあります。一般的にエストロゲンが増える排卵前の時期には膣が濡れやすく、反対に排卵が終わってエストロゲンが急減する時期は濡れづらくなるといわれています。

「愛液」という言葉の響きから、膣の分泌物はときに性的興奮や愛情の指標と思われがちです。しかし、実際には**体調やホルモンバランスの影響が大きく、「愛情を感じているのに濡れない」ということが起こり得る**のです。

# Q46 反応が薄い「マグロ女子」への対処法はある？

**A 性に対するネガティブな思い込みがある可能性も。性の知識をアップデートすることが大切です**

気になる相手とようやくセックスをする関係になったのに、パートナーの反応が薄い。女性側がなかなかセックスに乗り気になってくれない……そんな男性のお悩みもしばしば寄せられます。セックスはふたりの愛を伝え合うコミュニケーションですから、セックスに対する温度感のギャップを埋めたいと思うのは自然なことです。

**女性がセックスに対して関心が薄く、なかなか興奮しないといった症状は、医学的には「性的関心／興奮障害」**といいます。

このような状態の主な要因として、**生活上のストレス、精神的苦痛、そし**

**て世帯年収の減少**が挙げられます。一見、経済的な要因は関係なさそうにも思えますが、「今月の家賃の支払いはどうしよう」「子どもの教育費は大丈夫かしら?」といった悩みやストレスを抱えているなかで、夜だけ急にエッチな気分になるのは難しいものです。

また、**女性ホルモンの分泌量の減少や抗うつ剤などの薬物治療**が原因で性的な関心が薄れてしまうこともあります。

## 「マグロ女子」は正しい性の知識で脱却できる

小さい頃から「女の子はお股を触っちゃいけません!」などと厳しく教えられたことにより、大人になってからも「女性器は不浄なものだ」などという思いに囚われている女性もいます。さらに「女性は慎ましくあるべき」といった社会規範の影響を受け、「女性がセックスのときに、声を出して感じるのは恥ずかしいことなんだ」などと思い込んでいる人も少なくありません。

そのような思い込みや社会的な刷り込みの結果、セックスのときに反応が薄く、常に受け身な「マグロ状態」になってしまうこともあります。

女性が主体的にセックスを愉しみ、オルガズムを得るには、正しい知識と経験、そして、少しのテクニックが必要です。しかし、性的知識が乏しいまま年齢を重ねてしまうと、「白馬の王子様が私を気持ちよくしてくれるに違いない」といった非現実的な期待感を抱いてしまうあまり、常にセックスで受け身になり、オルガズムが遠のいてしまう……といったケースも少なくありません。

しかし発想を変えると、**正しい知識を得て、それを実践する少しの勇気があれば、反応の薄い「マグロ女子」は脱却できる**ということ。私も日々発信を続けるなかで、そういった女性たちの「性の学び直し」をサポートできれば、と願ってやみません。

## Q 47 女性器の「上付き」「下付き」ってなに？

**A** 女性器の膣口の相対的な位置のことです。膣口の位置は年齢によっても変化します

女性の性器について、「上付《うわつ》き」「下付《したつ》き」という言葉を耳にしたことがある人もいるでしょう。**「上付き」「下付き」とは、膣口の相対的な位置**のことを指し、**膣口がクリトリス側に近いことを「上付き」、膣口が肛門側に近いことを「下付き」**と呼びます。

女性の膣は、外見だけでなく位置にも個人差があります。しかし多くの女性にとって、自分と他の女性の性器を見比べる機会がほとんどないため、自分は上付きなのか、下付きか自身で見極めることは困難です。

「上付きだから感度がいい」とか「下付きが優れている」といった優劣はありません。ただし一般的な傾向として**「上付き」の女性は正常位、対面座位、**

## 女性器の「上付き」と「下付き」の違い

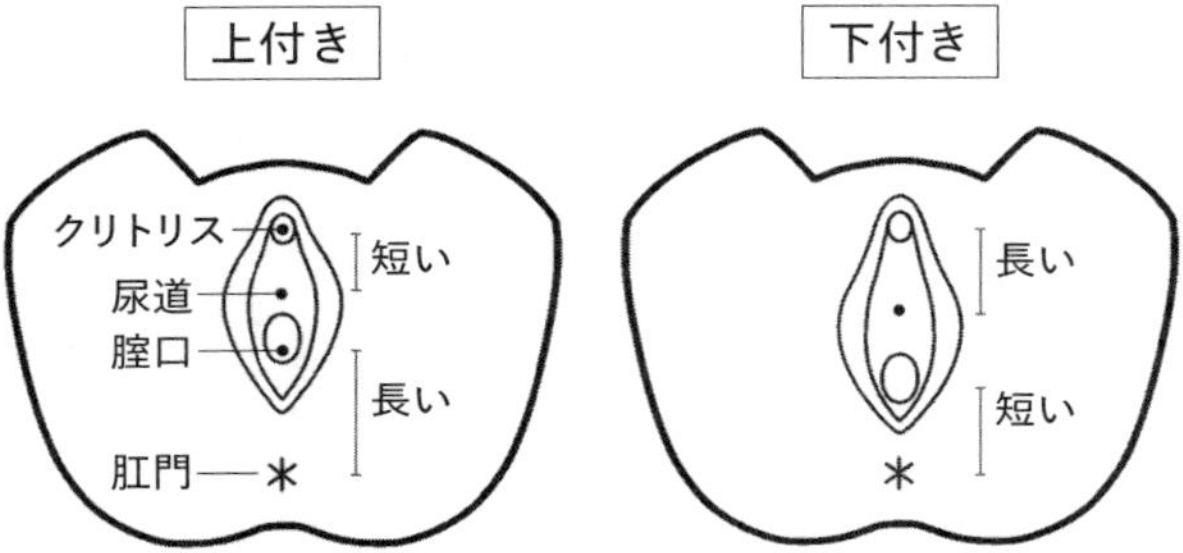


膣口の位置がクリトリスに近い「上付き」、肛門側に近い「下付き」があります。感じやすい体位は異なる場合もありますが、どちらもセックスの満足度には大きな差はありません。

**騎乗位が、「下付き」の女性は立ちバック、後背位、背面座位が感じやすい**といわれています。

しかし、これらの感じ方は、絶対ではなく、年齢や相手で変わります。というのも、多くの女性の場合、幼児期には上付きですが、大人になると下付きに変化し、更年期以降は、また上付きに戻ることが多いからです。

また、男性のペニスの長さや相性、その人の性的嗜好によって感じ方も変わってきます。

# Q48 「中イキ」と「外イキ」ってどう違うの？

**A** 中イキはGスポットやポルチオ、外イキはクリトリス。司る神経が異なります

一言で「イク」といっても、女性がオルガズムに至る場所は複数に及びます。**「中イキ」とはセックスで膣の中に挿入してオルガズムに達する（イク）こと、「外イキ」とはクリトリスへの刺激でオルガズムに達すること**を指します。

中イキで女性が感じる場所としてもっとも有名なのが、膣の入口から約3cm奥前壁地点にある「Gスポット」です。そしてGスポットのさらに奥には、子宮があり、子宮の入口（子宮頸部）も中イキと深く関わる場所です。この膣奥の性感帯は「ポルチオ」「ポルチオ性感帯」と呼ばれます（Q61参照）。

当然、感じる場所が変われば、感じ方も変わってきます。簡単にいうとクリトリスでの**外イキは「ビンビン」**と鋭い快感なのに対して、ポルチオ性感帯での**中イキの快感は「ジーン」「ズーン」**などと表現されます。

これはどういうことかというと、**中イキと外イキでは司る神経が異なる**からです。**クリトリスは、陰部神経という感覚神経の一種が集まっている**のに対して、**Gスポットは骨盤神経、ポルチオには骨盤神経、下腹部神経、脳から直接延びている脳神経のひとつ「迷走神経」が通っています。**

この迷走神経は、胃や腸、肝臓などの臓器も支配する神経で、脳にダイレクトに刺激を伝える特徴があります。そのため**ポルチオを刺激されるとあたかも頭、脳の奥のほうまで響くような、「ジーン」という深い快感になるのではないか**と考えられています。

# Q49 やっぱり女性は中イキしたいの？

**A** 中イキできる女性はレア。「中イキ」神話にとらわれないことも大切です

私の元にも女性から「中イキできないんです」「外でしかイッたことがない私は性的に未熟なのでしょうか」といった相談がしばしば寄せられます。たしかに「膣内でイケる女性はセックス上級者」というイメージがありますが、ここではなぜ外イキよりも中イキのほうが「格上」と思われているのか、その背景を深掘りしていきます。

2000年に行われた調査（＊23）では、クリトリスへの刺激でオルガズムを得られた女性は9割以上なのに対して、Gスポットで得られたのは約6割、さらにポルチオになると3〜4割程度と、**体の奥の部位ほどオルガズムを得られる女性の割合が減っていく**ことが明かされています。

その要因として膣の神経分布には個人差が大きいことや、膣よりも体の外にあるクリトリスの刺激のほうがオルガズムを得やすい構造があることが考えられます。

「中イキをしたことがないなら、セックスの経験を積めばいいじゃないか」という声もありそうですが、神経の分布は生まれたときからの「クセ」のようなものがあるので、「頑張ればイケるようになる！」とは言い切れないのが実情です。

**クリトリスでイクのも、挿入時に膣内でイクのも、そこに優劣はありません。**性的好奇心が旺盛なのは良いことですが、くれぐれも「中イキ神話」にとらわれすぎないことが大切です。

男性も女性も「中でイカなきゃ」と躍起になるよりも、それぞれがもっとも感じられる部位を開発したほうが愉しい性生活を送れると思いませんか？

## Q50 やっぱり女性は「潮吹き」すると気持ちがいいの？

**A 女性のオルガズムと潮吹きに相関関係はありません。「潮吹き＝イク」は、アダルトビデオのファンタジーです**

潮吹きといえば、「女性がイクときにピューと噴くもの」と考えている男性もいるかもしれません。

女性の潮吹きは、英語で「female ejaculation（女性の射精）」といわれ、セックス中に尿道付近から、体液が噴出する現象です。

潮吹きの量には個人差がありますが、アダルトビデオで目にするような、まるで噴水のような潮吹きは、ファンタジーと考えていいでしょう。

女性のオルガズムは、男性のオルガズム（つまり射精）のように目に見える形で現れません。そのため、アダルトビデオでは女性が「イッた」ことを視覚的に伝えるための「演出」として潮吹きが用いられることが多いといわれています。

潮の成分はなにか気になる方も多いと思います。これについては、「潮はおしっこ」という説と、「スキーン腺」と呼ばれる尿道周囲腺からの分泌液であるという説があり、専門家の間でも長年意見が分かれています。

さて、日本人女性はどのくらいの割合で潮を吹くのでしょうか？

2012年に日本家族計画協会がコンドームメーカーの「ジェクス」と共同で実施した性行動に関するネット調査によると、「潮を吹ける」と回答した日本人女性は平均で34・4％でした。つまり約3割の女性が潮を吹けるものの、残りの**約7割の女性は潮を吹かない**ことがわかります。

## ●潮吹きは「気持ちよさの指標」ではない

実際のところ、潮吹きは女性にとって気持ちいいものなのでしょうか？

結論としては、**オルガズムと潮吹きには相関関係はありません。**

そもそも潮吹きの「潮」の源といわれるスキーン腺（尿道周囲にある分泌腺のこと）の発達には個人差があり、生まれつきスキーン腺を持たない人もいます。

さらにGスポットの位置や感じ方は個人差が大きく、潮を吹く／吹かないは、セックスのテクニックや相手の体の感じ方とは無関係といえます。

しかし、「潮吹き＝オルガズム」という誤った知識を鵜呑みにして、男性がなんとか**潮を吹かせようと試みた結果、膣内を傷つけてしまうケース**も少なくありません。

セックスの目的はお互いの愛情を伝え合い、コミュニケーションを深めることです。**真のセックス上手は、百戦錬磨の潮吹きテクの持ち主ではなく、相手の反応をしっかり観察し、気遣いながら適切な対応ができる人。**パートナーを気持ちよくさせたいと思うなら、潮吹きを快感の指標にしないことが、ふたりの満足度を高める最善の方法といえるでしょう。

## Q 51 なぜ乳首を触るだけで女性は気持ちいいの？

**A** 乳首も性器も、刺激されたときに反応する「脳の場所」が共通しているからです

「乳首が感じる」と話す女性は多いですが、性器とは離れた場所にある乳首で、なぜ性的な快感を得られるのか疑問に思ったことはないでしょうか。

男女1000人を対象に行われた性感帯に関するアンケート調査（＊24）では、女性の場合、乳首はクリトリスに次いで第2位にランクインしています。第3位は「首、うなじ」で第4位が「耳、耳たぶ」、第5位に「膣内」と続きます。

一方、男性ではペニスの亀頭などの性器周辺が上位にランクインし、乳首は第4位となっています。この結果から、**女性だけでなく男性の多くも乳首を性感帯として感じている**ことがわかります。

少し話が逸れますが、人間が「あ、今、右手を触られた！」と認識できるのは、脳の「体性感覚野《たいせいかんかくや》」と呼ばれる部分の働きによるためです。この体性感覚野は、感覚を担当する体の部位に応じて、反応するエリアがそれぞれ決まっています。たとえばキスをして唇が触れた場合、体性感覚野の「唇エリア」の神経細胞が活動する、というイメージです。

２０１３年、アメリカのラトガース大学による研究（＊25）では、**乳首を刺激すると、一次体性感覚野に加え、クリトリスや膣といった生殖器を刺激したときと同じ脳のエリアが活性化する**ことが明らかになりました。平たくいえば、**脳にとってはクリトリスと膣と乳首は、ほぼ同じ価値を持つ**ということです。

もちろん、感じ方には個人差があります。同じ人でも月経周期によって感じ方は変わるので、「相手の反応をうかがいながら愛撫を進める」という鉄則は変わりません。さらに実践的な乳首の愛撫法については、１８５ページで詳しくお伝えしていきます。

## Q52 猛暑でセックスの感度が落ちるのはなぜ？

**A** 自律神経のバランスが乱れるためです。女性がイクためには、副交感神経優位になることが欠かせません

近年、地球規模の温暖化により、夏の暑さがますます厳しくなっています。「暑い夏の燃えるようなセックス」と文字にすると、とても官能的に聞こえますが、実際には「暑くてセックスどころじゃない」「暑さで感度が落ちてしまう」という女性も多いと思います。なぜ暑いと感度が落ちるのでしょうか？ そこには**自律神経の働きが深く関わっています。**

女性がセックスで**オルガズムを得るには、リラックスを司る副交感神経が優位であることが重要**です。しかし、ストレス社会の現代では、交感神経が優位になりがちです。さらに例年の酷暑では、暑さそのものへのストレスや、クーラーが効いたオフィスと暑い屋外を行き来することによる寒暖差が自律

神経の働きを乱れやすくします。

また、暑さによって脳に熱がこもり、「オーバーヒート」状態になると、セックスへの集中力が失われ、その結果「なかなか気持ちよくならない」という状況が生まれるのです。

暑い日のセックス対策としては、**エアコンのタイマーをうまく活用すること**をオススメします。たとえば、デート後に彼女を自宅に招いて、セックスをする予定があるのなら、帰宅の1~2時間前にエアコンを稼働させて、部屋を冷やしておくとよいでしょう。玄関に足を踏み入れた瞬間、心地よい涼風が迎えてくれたら、彼女もリラックスしやすくなるはずです。

さらに涼を取る工夫として、彼女が好きそうなアイスをお風呂上がりに一緒に食べたり、セックスのあとに冷えた飲み物をさっと手渡したりするのも効果的です。いずれも簡単な方法ですが、相手を思いやる細やかな配慮こそ、暑さで疲れた女性の心と体を癒やすカギとなるのです。

COLUMN

データで紐解く全国の性事情③

# セックスしたいと思わない県民とは?

県民性は「セックスへの意識」にも表れるようです。「セックスしたいと思わない」という設問の結果を47位から見ると、興味深い傾向が浮かび上がります。

全国平均で23.7%の人が「セックスしたいと思わない」と答えるなか、青森県、熊本県、富山県、群馬県、沖縄県、鹿児島県では、その割合が特に低いという結果に。つまり、これらの県では「セックスをしたい」と考える人が多いということ。さらに面白いのは、これらの県の他のデータです。青森県は「出会ったその日にセックスをしたことがある」と答えた人の割合が全国2位、熊本県は「現在、パートナー以外の特定の人物1人とセックスをしている」人の割合が1位など、性に積極的な傾向が見られます。

特に印象的なのは、沖縄県と鹿児島県。両県とも子どもが3人以上いる割合が全国上位で、セックスへの前向きな意識が家族形成にも反映されていると考えられます。

「セックスしたいと思わない」の割合

| 割合が高い都道府県 | | 割合が低い都道府県 | |
|---|---|---|---|
| **1位** | **大阪府(35.5%)** | **1位** | **青森県(12.1%)** |
| 2位 | 岡山県、長崎県(30.8%) | 2位 | 熊本県(13.1%) |
| 3位 | 埼玉県、三重県(29.9%) | 3位 | 富山県、群馬県(17.8%) |

※18歳から69歳の男女・合計5,029人を対象にアンケート調査を実施

出典:「【ジェクス】ジャパン・セックスサーベイ2024」

# 第4章

# 人生が豊かになる
# 大人の性技テク
# Q&A

## 相手の気持ちに寄り添う「性的同意」は、成熟した大人が性を愉しむ基本

第1章では、セックスによって心と体に生まれる健康面のメリットについてお話ししました。そして第2章では、「生涯現役」をサポートしてくれるED治療薬や陰圧式勃起補助具などの心強いアイテムを紹介してきました。第3章では、加齢とともに起こる女性の心と体の変化についての知識も得られたと思います。

成熟した大人の性を愉しむ準備はもう万全。そして、ここからはいよいよ「実践編」です。この章では、「年齢を重ねて、まだまだセックスを愉しみたい」と願う人が今すぐ実践できるセックスのノウハウをお伝えしていきます。

ただし、ベッドに入るその前に、いまいちど確認しておきたいことがあり

ます。それは**「性的同意」**についてです。

気になるあの子とお酒を飲んで、なんだか「いい雰囲気」に。相手もニコニコと話を聞いてくれているし、少し強引にリードしてラブホテルへ……。そのセックス、ちょっと危険かもしれません。**はたして性的同意はきちんと取れているでしょうか？**

性的同意とは、「なんとなく」や「暗黙の了解で」ではなく、**お互いが積極的に「セックスをしたい」という意思の確認を取ること**です。2023年7月に刑法が改正されたことで「不同意性交等罪」ができ、ニュースなどで「性的同意」という言葉を耳にした方もいるでしょう。

性的同意の基本は、**相手の気持ちに寄り添う**ことです。性的同意が取れている状態とは、簡単にいえば「セックスをしてもいいし、しなくてもいい」とふたりの自由な意思が尊重されている状態です。

具体的には、相手も自分も「嫌だ」と感じたら、すぐにノーと言える状況であることが大切です。例えば上司と部下といった上下関係や利害関係のある間柄では、誘われた側は「ノー」と言うことは難しいので、特に社会的な立場、権力のある男性には十分な配慮が求められます。「女性の愛想笑いを好意と勘違いした」という男性の声を聞きますが、**同意を得る責任は、誘う側にある**のが性的同意の原則です。

また、ホテルに行くまでは乗り気だったのに、その途中で「今日はもう帰るね」と相手の気が変わることも大いにありえます。はやる気持ちも理解できますが、「相手はムリをしていないかな?」と立ち止まって配慮すること、それこそが大人の余裕にもつながるのだと思います。

イヤよイヤよも好きのうち——かつてはこんな価値観が通用していましたが、もはや過去のものです。安心・安全で幸せなセックスを愉しむためにもぜひ一度、性的同意についても考えてみましょう。

性衝動に突き動かされ、がむしゃらにセックスをしていた若い頃とは違う、相手と自分を慈しみ、充足感と幸福感のあるセックスを目指していきましょう。

## 性的同意チェックリスト

＼ まずは第一歩！ ／

# “性的同意を取るって、どういうこと？

### チェックはいくつ入りますか？

- □ check 1　二人きりでデートに行くことは、性行為を前提としている
- □ check 2　キスをしたら、性行為をしてもいい
- □ check 3　相手がイヤと言っていても、「イヤよ、イヤよ、も好きのうち」なので、性行為をしていい
- □ check 4　相手がイヤと言ってなかったら、性行為もOKのサインである
- □ check 5　酔った勢いで、性行為に及ぶのはしかたがない
- □ check 6　互いに成人していれば、性行為の際に同意を求める必要はない
- □ check 7　家に泊まるのは、性行為をしてもいいというサインだ
- □ check 8　付き合っていれば、性行為をするのは当たり前だ
- □ check 9　同じ相手に、毎回、性行為の同意を取る必要はない
- □ check 10　ナイトクラブに来る人は出会いや性的交遊を求めて来る人が多いので、性行為に際して同意を取る必要はない

Notice!

**要注意！一つでもあてはまるなら、**
**“性的同意”は取れていないということ！**

出典：公益財団法人京都市男女共同参画推進協会『Gender Handbook（ジェンダーハンドブック）』「必ず知ってほしい、とても大切なこと。性的同意」

# Q53 「優しい愛撫」ってどれくらいの強さなの？

**A** 目安は秒速５㎝。優しく弱い刺激を「C線維」がキャッチして、脳に伝えます

よく「女性への愛撫は優しく」「女性は優しい愛撫が好き」といわれますが、「どれくらい『優しく』すればいいのだろう？」と疑問に思ったことのある方もいるのではないでしょうか。

人間が**愛撫を「気持ちいい」と感じるのは、身体的な刺激ではなく脳の働き**によるものです。皮膚で得た刺激は、「感覚神経」によって脊髄《せきずい》を介して、脳に伝えられます。感覚神経には、いくつか種類があり、**痛みなどの強い刺激はAβ線維《エーベータせんい》が、愛撫などの優しく弱い刺激はC線維《シーせんい》が、それぞれ脳に伝えます。**

もしも、強い痛みを伴う出血やケガをした場合、私たちの体は身の危険を脳にいち早く伝えなくてはなりませんよね。そのため、痛みを伝えるAβ線

維の直径は太く、とても速い伝達スピードを有しています。その速さは、上越新幹線並み（時速275㎞）といわれています。

逆に、**愛撫を伝えるC線維は、直径が細く、伝達速度もゆっくり**です。Aβ線維のスピードが新幹線なら、C線維は人が歩くくらいといわれています。このC**線維は脳の「セックス中枢」といわれる島皮質につながり、「気持ちいい」という感情を呼び起こします。**

つまりセックスの愛撫で、**うっとりするような性的快感をパートナーに感じてもらうには、優しい愛撫でC線維を発動させる**のがポイント。**愛撫の目安は、１秒に5㎝進む程度の速さ**です。

愛撫は、**「優しく、穏やかに、ゆっくりと」**が鉄則です。たとえ胸を愛撫しようとしても、荒々しく鷲づかみにするような愛撫では、その刺激がAβ線維の働きによって脳に伝達され、「痛み」として処理されてしまいます。

相手の反応を見ながら、じっくりと焦らして、しっかり濡らしてあげてくださいね。

# Q 54 なぜキスは「特別な前戯」なの？

## A キスは「生命に関わる行為」だからです

「セックスは勢いでできても、キスだけは本当に好きな相手とじゃなきゃムリ……」そんな女性の本音を聞いたことはないでしょうか。キスが「特別な前戯」なのには理由があります。

唇は、食べ物が体の中に入っていく入口です。人間の長い進化の過程において、腐った食べ物などを体内に取り入れることがないよう、食べ物の触感、温度、湿度を巧妙にチェックする役割を唇が担っています。

人と人のコミュニケーションにおいて、唇は「表情を伝える窓口」となっています。さらに唇には、キスなど性的快楽を生み出す役割があります。

唇は、私たちにとって生命に関わる部位。そんな特別な部位を用いるキスに対して特別感を抱くのは、ある意味とても自然なことだといえるでしょう。

## Q55 キスの適切な力加減は、どれぐらい？

### A 「柔らかい絵筆で肌を軽くくすぐる」力加減が理想です

唇は、生命に直結する特別な部位。そのため唇の神経もまた、特別な発達を遂げています。私たちの体では、腕やスネには体毛が生えていますが、手のひらや足の裏、そして唇には体毛は生えていませんよね。この**体毛が生えていない皮膚（無毛皮膚《むもうひふ》）は、体の中でも非常に敏感な部位**です。

唇には、**物体の輪郭、形、質感を脳に伝える「メルケル盤」というセンサーが数多く存在しています。**このメルケル盤は、ほんのわずかな圧力まで敏感にキャッチし、**軽く優しい刺激を脳に伝える**特徴があります。逆にメルケル盤が豊富な唇に、強く激しい刺激を加えても、「心地よい刺激」だと脳が判断しないのです。

それならば、キスをするときに、メルケル盤がもっとも感じる圧力や強さを意識すれば、相手の脳が「心地よい」と感じるキスになるはずです。

唇と感覚刺激の関係については、さまざまな研究が行われていますが、唇に圧をかけ、1・5㎜程度押し込まれたときにメルケル盤の反応が最大になることがわかっています。

1・5㎜程度の圧力をわかりやすく例えると、**「柔らかい絵筆で肌を軽くくすぐる感じ」**です。この**圧力を唇の広い範囲に加えると、メルケル盤のセンサーが最大に力を発揮する**のです。

## ●吸うときは「ストローで水を飲む」強さで

彼女のかわいらしい唇を前にすると、思わず吸い付きたくなる衝動に駆られることもあるでしょう。

キスで唇を吸うこともテクニックのひとつです。

これまでの数々の研究から唇を吸引する場合は、**ストローで水を吸う程度の力（20〜30㎜Hg）が最適**だといわれています。

逆にスムージーやクリームスープを吸う力（50〜70㎜Hg）だと強すぎてしまいます。かわいらしい唇に吸い付きたいという気持ちもわからなくもないですが、最適圧を知っているのと知らないのとでは、相手に与える印象がまったく変わってしまいますね。

唇を重ね合う行為は、生命と生命のふれあい——感覚センサーの観点からも、優しい繊細なキスを心がけることが大切ということが、おわかりになると思います。

# Q56 おっぱいは脂肪だから、強く揉んでもいい？

**A** 胸への愛撫はゆっくり優しく。乳房の外側から徐々に神経が密集している乳首へとアプローチしましょう

女性の乳房は、9割が脂肪です。男性が下腹を揉まれても大して気持ちよくないのと同様、女性も「ただなんとなく」乳房を揉まれるだけでは、性的なスイッチがオンになりづらいものです。胸への愛撫は、ただ漫然と行うのではなく、神経の仕組みを知って、ロジカルに攻めるのがポイントです。

女性の乳房の神経は、**乳房から乳頭に向けて集約されるような形で分布し**ています。胸への愛撫は、この神経の向きに沿うのがポイントです。**乳房からスタートし、やがて神経が密集している乳首に向けて、ゆっくりとした優しいアプローチ**を心がけてください。乳房は脂肪が9割ですが、痛みを感じやすい性質があるので、鷲づかみにするのはくれぐれも避けてくださいね。

## Q57 乳首は先端が感じる？

### A 乳首が感じるのは側面。優しいタッチで愛撫しましょう

先端の乳首は神経が集まっていて、非常に敏感な部位です。Q51で述べたように、クリトリスと膣とほぼ同じ価値を持つ性感帯ともいえるでしょう。セックスの際、いきなり乳首を触られると、女性は快感を得るどころか、驚いたり恐怖心を抱いてしまったりする可能性があります。

まず、**乳首は優しいタッチで触れる**ことが肝心です。

女性の乳首には、感覚神経の中でも、愛撫センサーとも呼ばれる「**C線維**」が発達していています。**C線維は、「気持ちいい」という感覚を脳に伝達し、その結果、脳では愛情ホルモンのオキシトシンが大量に分泌**します。

このC線維は、**軽く優しく撫でられた場合のみ反応**します。**1秒あたり5㎝くらい**のスピードで撫でられると、C線維がもっともよく反応するといわ

れています。逆に強いタッチでは、別の痛みを伝える線維が反応して「痛い」という感覚が脳に届いてしまいます。

また、**乳首の神経は乳頭（トップ）よりも、乳頭側面に多く分布していま す。**そのため、乳首への愛撫は**側面を舌で舐めたり、指で撫でたりする**のが効果的です。中指の腹で乳首の根元をくすぐるように刺激したり、親指と中指でつまんだりするのもよいですね。刺激の仕方については、Q58で詳しく説明していきます。

もしも乳首を舐めるときは、優しく口に含んで吸ったり、舐めたりするようにしてください。乳首の皮膚はとても薄いので、歯を立てるのはくれぐれもNGです。また、**舐めるときは舌先を使いましょう。**ソフトクリームをベロベロと舌の腹で味わうような舐め方はやめましょう。

Q 58

## 乳首は同じ刺激でじっくりと攻めたほうが感じる？

A 乳首は刺激に慣れやすい特性が。愛撫はバリエーションをつけましょう

**乳首の愛撫では、同じ刺激をずっと続けるのはNGです。**

人の皮膚の中には、「温・痛・触・圧」を伝える4種類の皮膚センサーがあります。これらは各々、異なる感覚を脳に伝える役割を担っています。

・マイスナー小体　触覚を伝える（撫でる、軽く弾く、舐める）
・パチニ小体　圧覚を伝える（押される、つままれる）
・メルケル盤　ものの形や質感を伝える（硬い、ゴワゴワしているなど）
・ルフィニ終末　皮膚の引きつり感を伝える（引っ張られる）

ここで注目するのは、「撫でる・軽く弾く・舐める」担当のマイスナー小

体と「つまむ、はさむ、圧迫する、押し込む」担当のパチニ小体です。この2つの小体は、同じ刺激に慣れて、感じづらくなる特徴があります。

**乳首への刺激は、ひとつの刺激に飽きてこないうちに、短時間で次の刺激に移ることがポイント**です。相手の反応を見ながら、乳首の側面を撫でたり、軽く弾いたり、つまんでみたり、指の腹でそっと乳首を押し込んでみたりして、**刺激に変化をつけてみましょう。**

乳首は刺激に慣らすべからず。マイスナー小体とパチニ小体、これらを交互に攻めることで、多様な刺激を相手の脳に送り、快感に導くことができるはずですよ。

## Q59 「クンニ」はどう舐めるのが正解？

### A 「点ではなく面を」「下から上へ舐める」を意識しましょう

クンニリングスといえば、クリトリスを舌や唇で刺激する前戯の王道です。しかし、男性の中には「女性の顔が見えないし、どう刺激すればよいのかわからない」と思い、漠然と舐めてしまう方もいるのではないでしょうか。

結論からいうと、**クリトリスへのクンニは「ペロペロ」ではなく「ムチュー」が正解**です。クリトリスは陰部神経という**感覚神経が密集した場所で、とても敏感な部位。**舌を激しく動かしたり、吸い付いたりすると、女性が痛みを感じてしまうことがあります。

「ムチュー」の感覚を伝えるには、**「点」ではなく「面」を意識しましょう。**舌先でペロペロ舐めるのではなく、**舌の真ん中の部分をクリトリスにそっと押し当てて、じんわりと温かさを伝える**イメージで舐めてみてください。

クンニリングスの際は、首を大きく動かしたり、わざと大きな唾液音を立てたりする必要はありません。もし女性が快感のあまり腰を浮かせたり、動かしたりした場合は、それに合わせて顔を動かすとよいでしょう。また、女性がイキそうな反応を見せても、慌てて**舐めるスピードを速める必要はありません。**

バリエーションを持たせて刺激を与えたい場合は、**「下から上へ」舐め上げる**ことを意識してみてください。というのも、クリトリスに集まっている陰部神経は、女性のお尻側からおへそ側に向かって延びています。

そのため、女性がM字開脚した状態では、下（肛門側）から上（おへそ側）に向かって舐め上げることで、神経の流れに沿った、心地よい刺激を与えることができるのです。

**「点ではなく面で」「下から上へ」**。この2つのポイントを心がけるだけで、セックスの満足度は格段にアップするはずですよ。

## 極上のクンニリングスのポイント

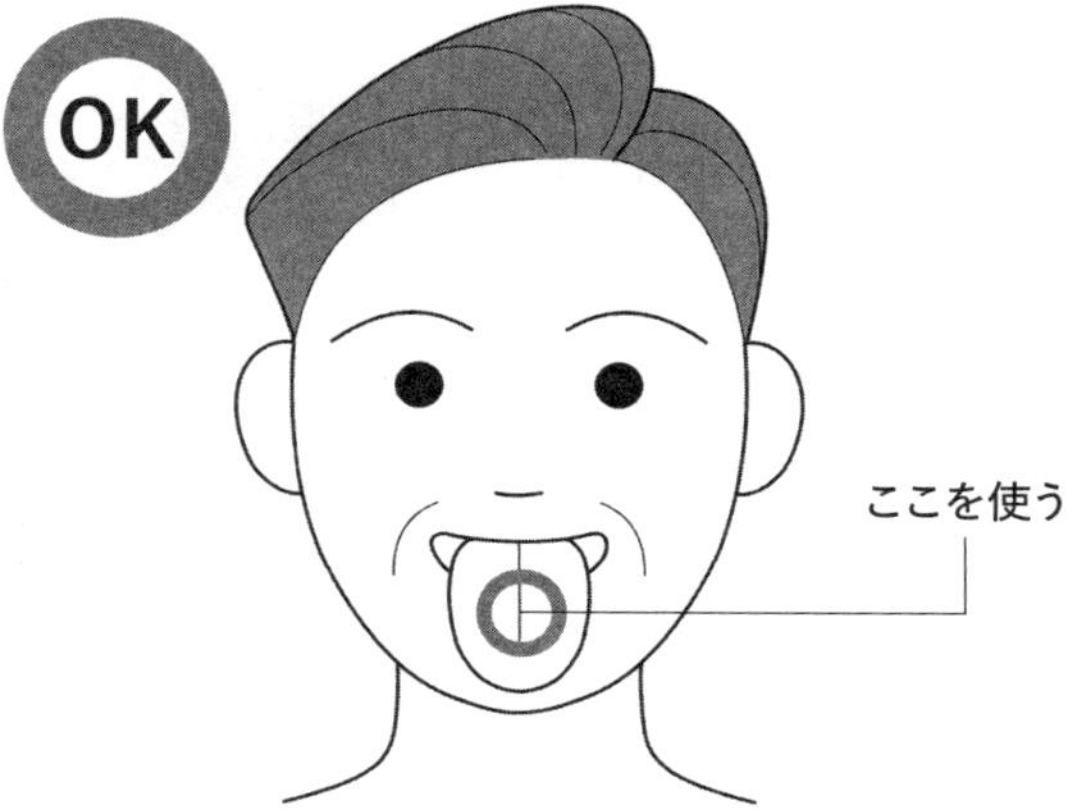


力を抜いた柔らかい舌を「面」でクリトリスにやさしく押し当てる。舌先でペロペロ舐めるのではなく、面で攻めるのがポイント。クリトリスだけでなく、膣や小陰唇、包皮も刺激する。

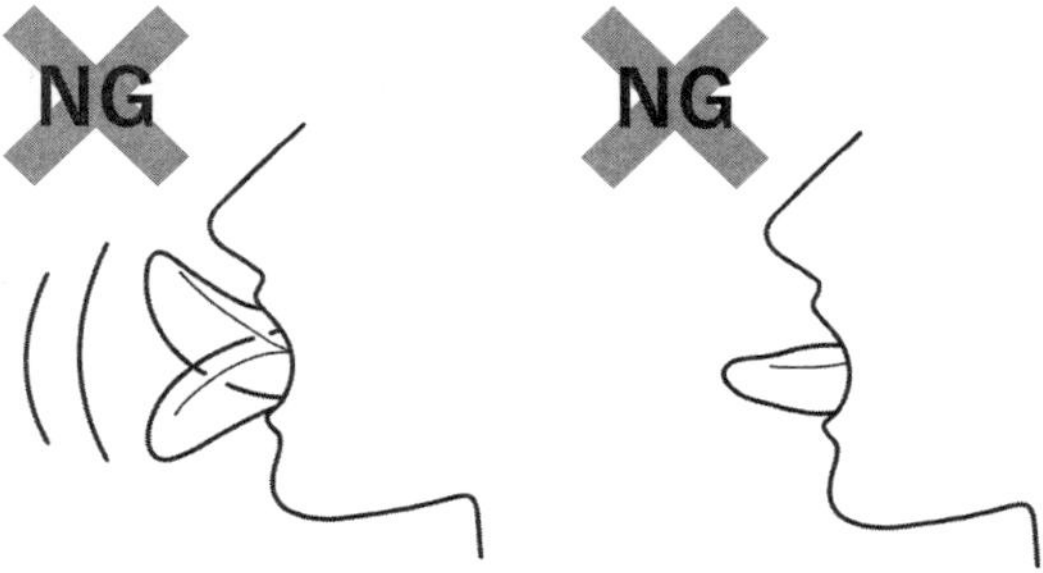


舌先を尖らせたり、舐めるスピードを変えて刺激するのはNG。

## Q60 彼女が「Gスポット」で感じない……なぜ？

**A** Gスポットの位置や感じ方は人それぞれ。感じない人もいます

まず、女性の下半身における3大性感帯は次の3つです。

① クリトリス
② Gスポット
③ 子宮頸部（ポルチオ性感帯スポット）

膣内の性感帯といえば、「Gスポット」がよく知られています。Gスポットは1950年、ドイツの産婦人科医、グレフェンベルク博士がその存在を論文で発表したことで注目されました。その後、性科学者ウィップル博士らによって、その頭文字を取って「Gスポット」と名付けられました。

## 女性の3大性感帯

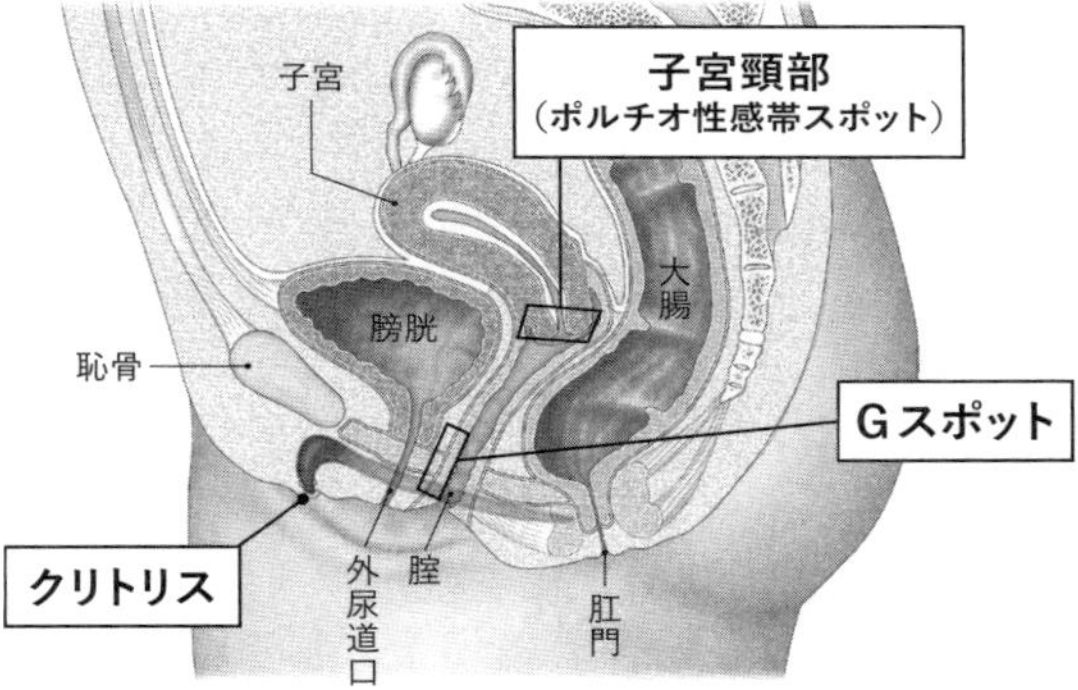


Gスポットは一般的に膣の入口から3〜4㎝、膣前壁の位置にあるとされています。ただし、膣内の神経**分布には個人差が非常に大きいため、Gスポットの位置や感度は人それぞれ。**手相や指の長さが人によって異なるのと同じ理屈です。

さらに、Gスポットの場所や感度の個人差を示すデータとして、カルダス大学のエリ・アルサーテ教授らの研究（＊26）があります。これによると女性48人中、膣内で「気持ちいい」と感じたのは47人。しかし、そこでオルガズムを得られたのは47人中30人でした。残りの17人は「なんとなく気持ちいいけれど、オルガズムには至らない」と感じていたことがうかがえます。さらに、どの場所でオルガズムを得られるかにも、大きなバラつきが見られました。

この研究からわかるのは、いわゆる「Gスポット」を愛撫された際に、「気持ちいい」と感じても、すべての女性が必ずしもオルガズムに達するわけではないことです。さらに**皆が皆、「膣の入口から3～5㎝」というGスポット自体で快感を得られるわけではなく、定義どおりの場所で感じるわけではなく、Gスポット自体で快感を得られない人も存在します。**

そのため、Gスポットを愛撫しても、相手の反応がイマイチだったからといって、「相手の体がおかしい」と考えるのは大きな誤解です。「よそはよそ、うちはうち」という言葉があるように、大切なのはお互いに快感を感じる場所を見つけ、ふたりだけの「気持ちいいセックス」を築き上げることです。

# Q61 Gスポット以外にも膣内の性感帯はあるの？

**A** 膣の一番奥の「ポルチオ性感帯」があります

Gスポットのさらに奥には、子宮があります。**その子宮の入口部分を子宮頸部、通称「ポルチオ」**と呼びます。この部分は、Gスポットのように指で直接愛撫することはできません。

子宮頸部の周囲には、膣の奥のお腹側（Anterior fornix）にある「Aスポット」、膣の奥のお尻側（Posterior fornix）にある「Pスポット」と呼ばれる性感帯があります。これらAスポット、Pスポット、そしてポルチオをまとめて、**「ポルチオ性感帯」**と呼びます。

一口に「イク」といってもクリトリス、Gスポット、ポルチオ性感帯では感じ方が異なります。中イキ、外イキの違いは161ページを参照してみてください。

## Q62 指での膣内の愛撫、どうすれば感じてもらえる？

**A** クンニ＋指1本を入れて、性感帯を探りましょう。探り当てたら、「弱い圧」を「一定のリズム」で加えて

お互いに性的意欲が高く、「中イキを体感したい！」と望むカップルもいるでしょう。

指での愛撫の基本は、**①性感帯を探り当てる**、**②的確に刺激する**、の2ステップです。

パートナーの性感帯を探り当てるのは、パートナーとの共同作業、開拓作業です。相手が感じるのが膣の前壁なのか、後壁なのか、入口からどれくらいの深さなのか、ふたりで時間をかけて探ってみてください。

その際、**クンニリングスをしながら膣に指1本を入れて探る**のがオススメです。一般的に、女性はクリトリスで快感を得やすいため、クリトリスでの

オルガズムによって膣内がより感じやすくなっていくためです。

気持ちいい場所を探り当てたら、刺激方法も重要です。

Gスポットには**「圧刺激」が鉄則。圧を加えるリズムは「トン、トン」と優しく一定のリズムと圧を保ちましょう。**女性が「イキそう……!」と高まってきても、そこでリズムを変えてはいけません。

女性がオルガズムに達するためには、自律神経のうち副交感神経が優位なリラックスした状態が大切です。しかし、Gスポットを刺激しようとするあまり、指で強く擦ったり、動かすスピードを急に激しくしたりすると、脳は「痛い」という刺激が伝わり、交感神経が優位になってしまいます。すると、オルガズムが遠のいてしまう可能性があります。

**膣内は、一定のリズムで優しく圧を加える**――地味な動きに思えるかもしれませんが、この「地味さ」がオルガズムの最大の呼び水になるのです。

## Q 63 彼女のフェラチオが実は的外れ……どう伝えたらいい？

**A** フェラチオは神経の流れを意識することが大切。「根元から先」「睾丸は裏側」「亀頭と陰茎小帯」を意識しましょう

気持ちいいフェラチオを考える際、「**ペニスに走る神経の向き**」を理解するのがポイントです。

少し話はそれますが、試しにご自身の腕を撫でてみてください。肩側→手の方向に向かって撫でた場合と、手先→肩側に向かって撫でた場合では、感覚が違うことに気づくはずです。

神経は、脊髄から体の末端である手足、に向かって走っています。腕の感覚神経で例えると、脳→首→手の方向に流れています。この**神経の流れに沿っていることを**「**順行性**《じゅんこうせい》」と呼び、反対に手→首と**神経の流れに逆らうこと**を「**逆行性**《ぎゃっこうせい》」と呼びます。人は、**順行性に従った刺激のほうが心地よく感じ**

**る傾向があります。**たとえば、首から手に向かって腕を撫でると「なんとなく落ち着く」と感じることが多いでしょう。

## ●「裏側を根元から先」「睾丸は表ではなく裏」が基本

フェラチオの話に戻りましょう。

ペニスを舐める際も、**順行性の刺激を意識することで快感を高めることができます。**ペニスに走っている陰部神経は、腰からお尻側を通り、会陰部《えいんぶ》（睾丸と肛門の間、いわゆる蟻の門渡《とわた》り）を経て、ペニスに向かいます。

そのため、フェラチオでは、**ペニスの裏側を根元から先へ向かって舐めていく**のが、神経の流れに沿った舐め方になります。女性側から見ると、勃起して上を向いたペニスを下から舐め上げる形になります。

アクセントとして睾丸を刺激する場合は、表側ではなく**裏側を根元から先へ向かって刺激する**と効果的です。一方、睾丸の前面は、陰部神経ではなく、腰髄から出ている「陰部大腿神経」に支配されています。そのため男性にとって「そこまで気持ちよくない」と感じることがあるのです。

## ●「陰茎小帯」は神経が密集する部位

ペニスでもっとも神経が集中しているのが先端部分の亀頭です。亀頭は海綿体の塊、女性のクリトリスに該当します。そして亀頭の裏側には、亀頭と陰茎をつなぐ小さなヒダ（帯）があり、これを**「陰茎小帯《いんけいしょうたい》（いわゆる裏スジ）」**と呼びます。この**陰茎小帯は神経が密集しているので非常に敏感な部位**です。ぜひこの**陰茎小帯を舌先で舐めてもらう**ように、パートナーに伝えてもよいでしょう。

**フェラチオの基本は「根元から先」「睾丸は裏側」、そして「亀頭と陰茎小帯（裏スジ）」を刺激すること。**もしパートナーがフェラチオに戸惑っている様子なら、これらの3つのポイントを舐めてくれるよう、優しくリクエストしてみましょう。

## Q 64 ペニスは「ズブッと」入れたほうが気持ちいい？

**A** 一気通貫はNG！ 急な挿入で痛みを覚える女性もいます。「ペニス3分の1の法則」を心がけてみてください

彼女も十分潤ってきたし、お互い興奮度も高まってきた。ここは一気にズブリと挿入……。勢いのよい挿入では、せっかくの丁寧な愛撫も台無しです。

すでにお話ししたように、女性のデリケートゾーンは加齢とともに膣内の分泌液（いわゆる愛液）が減り、膣粘膜も薄くなっているため、摩擦に弱くなっている状態です。また、加齢により骨盤の筋肉が緩むと、子宮の位置も下がってくるため、勢いよく体を貫くような挿入に痛みを覚えてしまうこともあります。

そこで私が提唱するのが、**「ペニス3分の1の法則」**です。

まずは**ペニスを3分の1ほど入れたら5～10回ピストンをして、相手の反**

## ペニス3分の1の法則

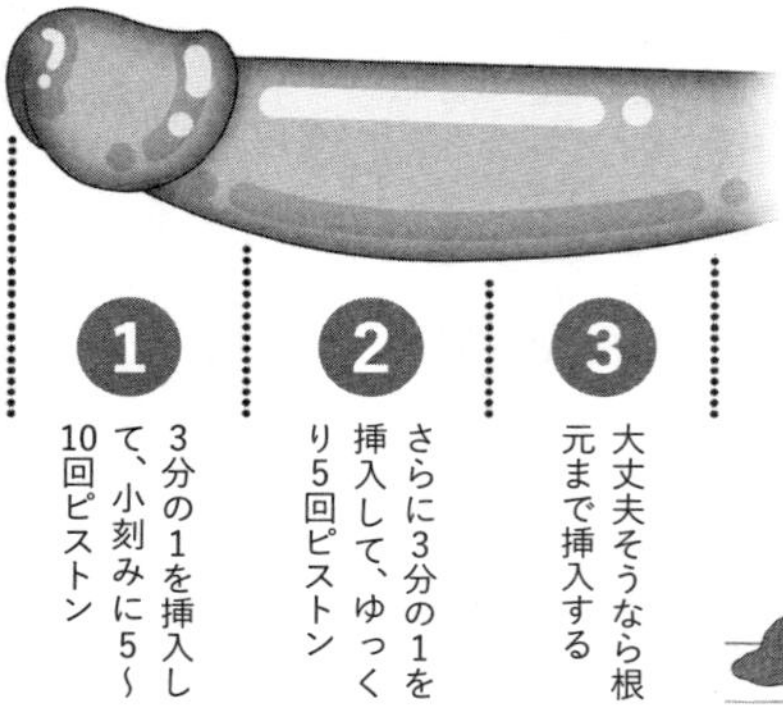
1
3分の1を挿入して、小刻みに5～10回ピストン
2
さらに3分の1を挿入して、ゆっくり5回ピストン
3
大丈夫そうなら根元まで挿入する

応を伺います。そこで相手が痛みや違和感を覚えていないようなら、さらに3分の1を挿入し、ゆっくり5回ほどピストンします。

その後、相手が違和感や痛みを感じていないようなら、残り3分の1をゆっくりと根元まで挿入しましょう。

その際、「大丈夫？」「痛くない？」など優しく声がけをしてもよいでしょう。余裕があれば「この辺が気持ちいい？」など、その都度、相手に気持ちのよいポイントを聞いてみるのもスマートだと思います。

## Q65 相手が更年期世代の女性なら、避妊しなくてもいい？

**A** 更年期世代でも妊娠する可能性はあります。性感染症対策の面でも、コンドームを装着しましょう

「もうこの歳になったら、妊娠の心配はないし……」

中高年同士のセックスでは、つい避妊への意識が薄れがちです。「予期せぬ妊娠」というと若い世代に起こることだと思われがちですが、実は厚生労働省の統計（＊27）によれば、40代の中絶件数が20歳未満を上回っています。

更年期に入っても、**閉経していない限り妊娠する可能性はゼロではありません。**さらに、更年期の影響で月経が不規則になっていると、たとえ妊娠をしても気づきづらいこともあります。**そのため、たとえ年齢を重ねていても避妊は重要です。**また、お相手が閉経をしていても、ＨＩＶや性感染症の予防の観点からもコンドームを装着することを強くオススメします。

# Q66 女性が「イキやすい」体位はありますか？

## A 女性の自由度が高い「対面座位」「騎乗位」です

ここでは、女性がイキやすい体位について、2020年にプラハ・カレル大学で行われた研究（＊28）をご紹介します。この研究では、13種類のメジャーな体位（正常位、後背位、立位など）の中から調査が行われました。

その結果、女性**がもっともオルガズムを得やすいのは「対面座位」そして次が「騎乗位」**であることが明らかになりました。これらの体位には、いくつかの共通点があります。

まず、いずれも女性にとっては**相手の表情が見える**ため、心理的な安心感を得られやすい点です。さらに、女性が自由に腰を動かして気持ちいいポイントを探りやすく、自分の体重を男性に預けられるため、体力を温存しつつセックスに集中しやすい体位でもあります。

## Q67 女性が「イキにくい」体位はありますか？

### A 「膝をつく騎乗位」や「後背位」で痛みを覚える人もいます

Q66で触れたプラハ・カレル大学の研究によれば、**女性がオルガズムを得にくいのは、膝をつく騎乗位や後背位**と報告されています。

中高年以降は、男女問わず膝や股関節の痛みを覚える人が増えてきます。騎乗位をするなら、女性が上下にスクワットする動きではなく、**腰を前後に動かす「グラインド騎乗位」のほうがよい**でしょう。

また、女性が四つん這いになり腰を反らせた後背位は、挿入時に深く、勢いよく突き上げられるため、女性がもっとも性交痛を感じやすい体位です。**中高年で後背位に挑戦したい方は、女性がうつ伏せになった「寝バック」がオススメ**です。全身が触れ合え、挿入する角度が浅いため女性の負担が軽減されますよ。

## Q68 上手い正常位、下手な正常位の違いって？

**A 上手い正常位は「一点集中」、ブレないのが特徴です**

日本人にとってメジャーな体位といえば正常位でしょう。セックスの基本中の基本といった体位ですが、実は非常に奥深い体位です。

**上手な正常位の特徴は、「一点集中のピストン運動」**です。

プロのAV男優のように上手な正常位を実践する人を見ると、**肩がほとんど動いていない**ことに気づくと思います。彼らが動かしているのは肩ではなく腰、特に**骨盤（仙骨）の部分だけを前後にしなやかに動かしています。**この姿勢では、膝から下の重心が安定しているので、全身がブレることがありません。

さらに、**ピストンのリズムは一定**で、**同じ方向に動かす**ことが大切です。こうすれば、狙った部位を同じ角度でなめらかに、かつ同じリズムで的確に

## 上手い正常位のポイント

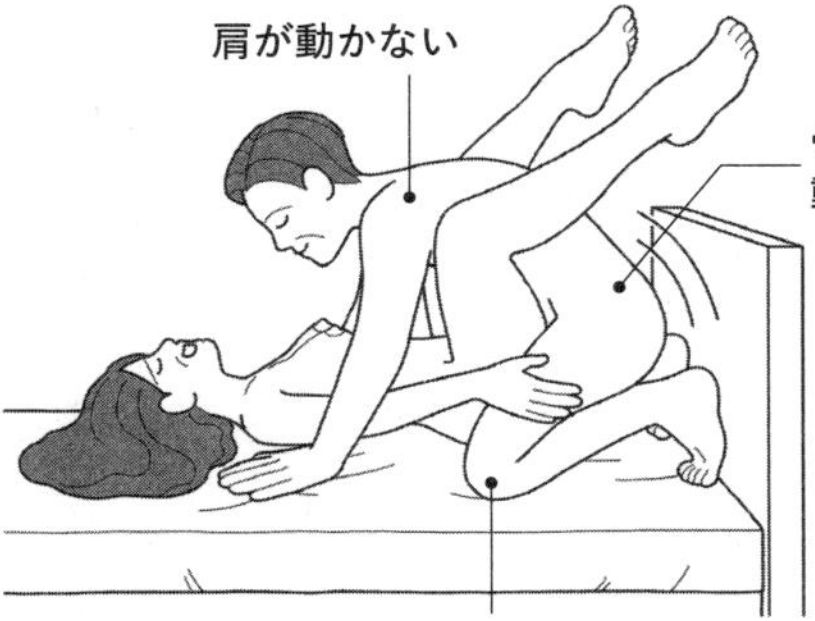


ピストン運動がしづらい人は、ベッドのヘッドボードを利用すると体が安定する。

刺激し続けることができます。

一方で、下手な正常位の特徴は、「ブレブレのピストン運動」です。上体が大きく揺れてしまい、作用点が安定しないため、女性からするとペニスが当たる場所が一定しなくなります。

また、自分の快感を優先するあまり、**不規則な動きをしてしまうのも要注意。**激しくなったと思ったら急に止まったり、スローになったり……こうなると、パートナーは、なかなかセックスの快感に集中できなくなってしまいます。

## Q69 腰痛の人でも安心してセックスできる体位は？

### A 騎乗位、後側位は腰への負担が少ない体位です。女性が大きく腰を反らせる「対面座位」は要注意！

腰の痛みがあると、日常生活だけでなくセックスでも思うような動きができず、十分に愉しめなくなってしまいます。

腰痛にはさまざまな種類がありますが、もっともよく知られているのが「腰椎椎間板ヘルニア」によるものでしょう。骨と骨の間のクッション材の働きをしている椎間板が、加齢とともに劣化するのが主な要因で、この椎間板に無理な圧力が加わると痛みを覚えてしまいます。

この椎間板は、姿勢によって加わる負担（圧力）が変化する特徴があります。たとえば、まっすぐ立った状態に比べて、前かがみで「よいしょ」と荷物を持ち上げる姿勢では、腰にかかる負担が2倍以上になることが知られています。

腰痛持ちの方がセックスを愉しむには、椎間板に圧力をかけない姿勢を取ることが重要です。体の姿勢ごとの椎間板の内圧とセックスの体位を表したのが、210ページの表です。

**男性にとって腰の負担がもっとも少ないのは、仰向けになる「騎乗位」。その次に負担が少ないのは、横向きで女性を後ろから抱きしめながら挿入する「後側位」とされています。**

逆に、立った状態で前かがみになる立ちバックにはご用心。大江戸四十八手でいえば、「仏壇返し（女性が地面に手をつく立ちバック）」、「碁盤攻め（テーブルなどに手をつく立ちバック）」「うしろやぐら（壁に手をつく立ちバック）」などが該当します。

また意外と盲点なのが、女性が腰を大きく反らせる「**対面座位**」です。**男性が女性の体を後ろに倒さないように前かがみになると、椎間板の内圧が高まってしまう**ので、くれぐれも注意が必要です。

## 体位と椎間板の内圧（腰への負担）の関係

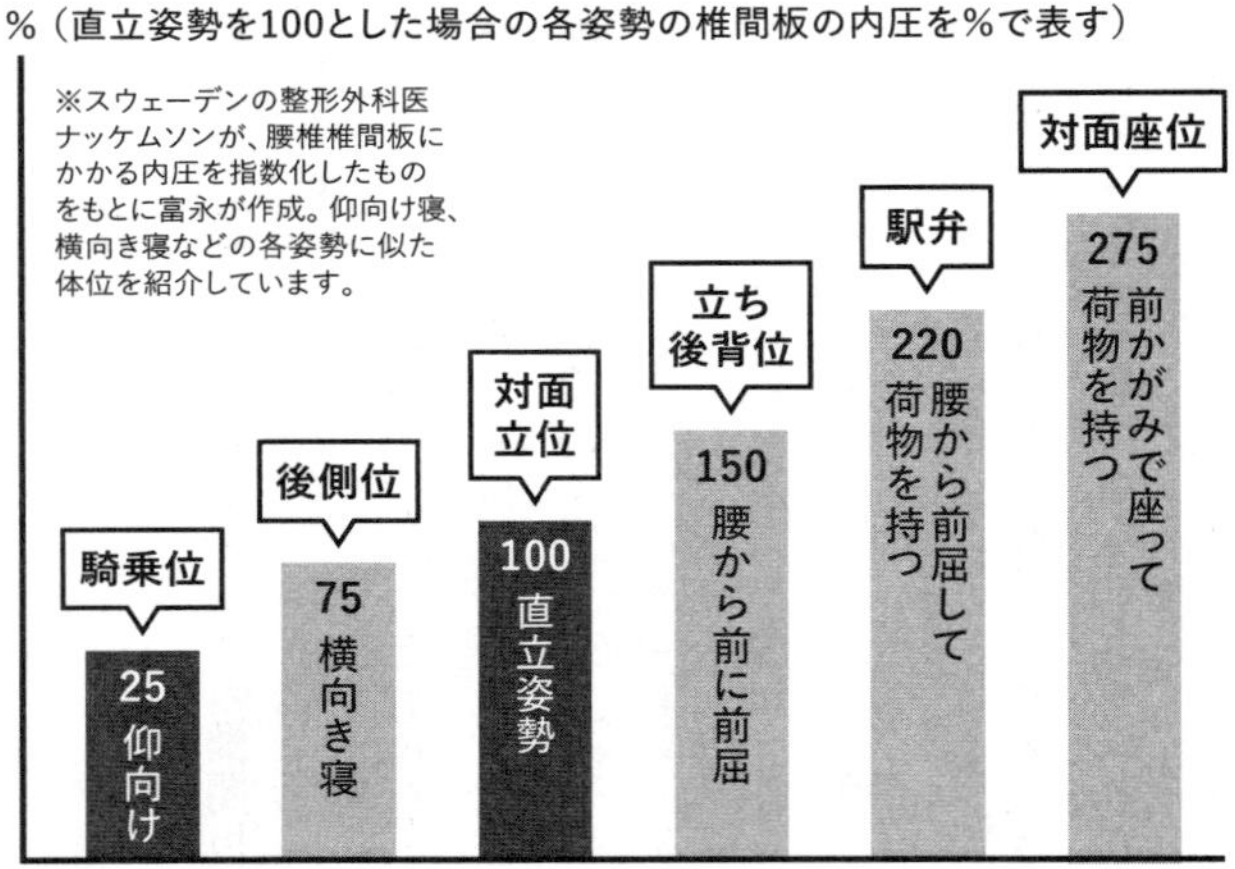


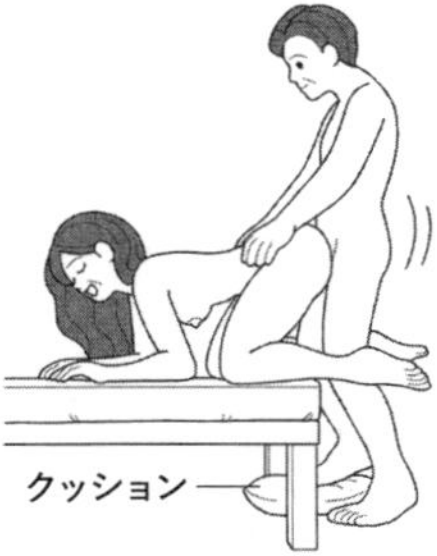


### ベッドの端を利用した「後背位」

女性にベッドの端に来てもらことで男性は腰を曲げずに挿入できる。また、片方の足元に高さのあるクッションなどを置くと体重移動の負担を軽減できる。

直立姿勢の対面立位を100としたら、男性が相手の体を倒さないよう前傾姿勢になる対面座位は、椎間板に2.75倍もの負担が。逆に男性が仰向けになる騎乗位は、4分の1の負荷となる。

## Q70 女性も男性も「ラクで気持ちいい」体位はある？

**A** 腰や膝などへの負担が少ない「後側位」がオススメです

体力の衰えを感じる中高年の男女に「疲れにくい体位」としてオススメなのが、男女が横向きに寝そべった状態で挿入する**「後側位」**です。

江戸時代の四十八手では、男女が同じ方向を向いて、窓から月を眺める様子にたとえられ、「窓の月」とも呼ばれていました。

この体位は、お互いの体重が直接かからないため、**腰や膝、股関節への負担が少ない**のが特徴です。また、ふたりの体が密着しているので**肌のぬくもりを伝え合うことができ**、心理的な親密感も高まります。

後側位では、男性が空いている手で女性の性感帯を愛撫してみるのもオススメです。女性の乳首やクリトリスをそっと愛撫したり、耳元で「気持ちい

## 腰や膝への負担が少ない「後側位」

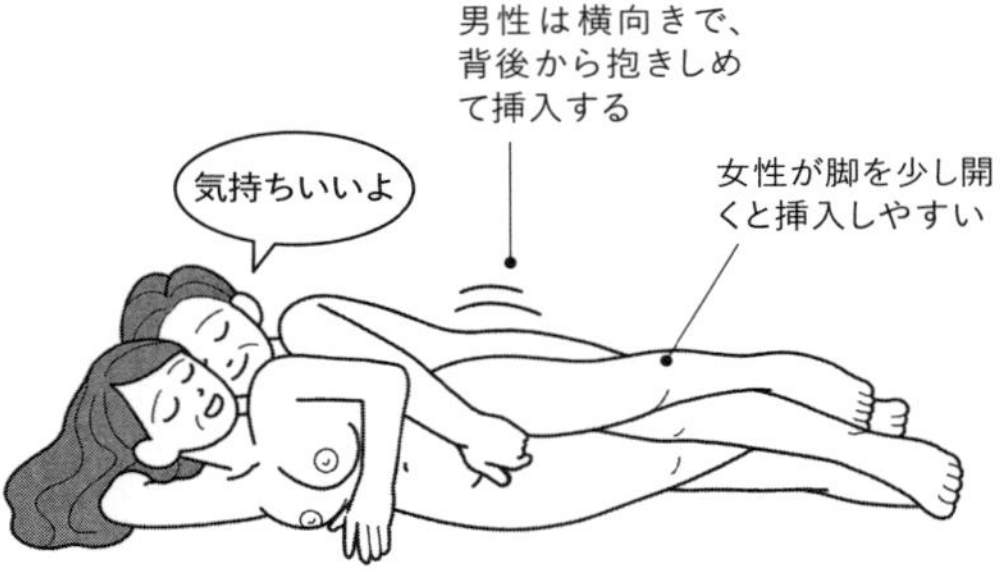
男性は横向きで、背後から抱きしめて挿入する
気持ちいいよ
女性が脚を少し開くと挿入しやすい

ふたりが横になったまま行うので、お互いに疲れにくい。密着感が高く、挿入もピストンもやりやすいのがポイント。

いよ」など、優しくつぶやいてみると、さらなる親密感を演出できます。

密着感を愉しみながら、体力温存もできる後側位は、「中高年にうってつけ」の体位といえるでしょう。興奮のあまり激しく動きすぎたときには、「小休止」として取り入れてみるのもオススメですよ。

ただし、後側位は浅い挿入になるので、男性は少しずつ腰を動かしましょう。前後に激しくピストン運動をするとペニスが抜けやすくなるので注意が必要です。

## Q71 中イキを開発できる体位はある？

### A 「松葉くずし（交差位）」、「抱き地蔵（対面座位）」です

女性が中イキで陶酔するような快感を得る大きなポイントは、女性の3大性感帯であるクリトリス、Gスポット、ポルチオの3点同時攻めです。

ここでは足腰の筋力が衰えがちな中高年でも無理なく、深い挿入ができる2つの体位、①「松葉くずし（交差位）」、②「抱き地蔵（対面座位）」を紹介します。

注意点としては、②の「抱き地蔵」をする際は、キャスターがついている椅子やソファーは避けましょう。ふたりの体勢がなかなか安定せず、腰への負担が大きいからです。安定感のある椅子や、踏ん張りのきく「ベッドの角」を上手に使ってみてくださいね。

## 中高年にオススメ！　深く挿入できる体位

### 松葉くずし

交差位ともいう。陰部の密着度が高く、深い挿入でPスポットを刺激できる。挿入時には、空いている手でクリトリスを刺激するのもオススメ。

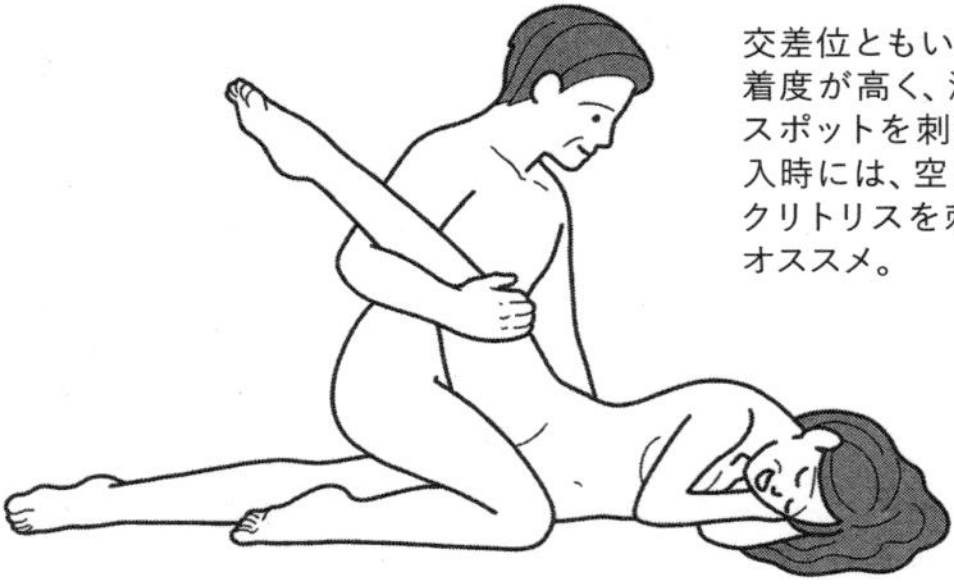

### 抱き地蔵

床に足をつけ、しっかり踏ん張れることが重要。男性は踏ん張り、下から突く。女性は足に体重をかけることで、自分が気持ちいいと思うポイントが刺激されるように前後、上下に動かせる。

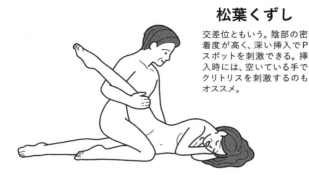

## Q72 クリトリスを刺激できる体位はありますか？

### A 腰の下に枕やクッションを置く正常位がオススメです

女性がオルガズムに達すると、クリトリスへの血流量が増え、クリトリスは充血し、勃起していきます。このため、クリトリスへの血流量がもっとも増える体位こそが、女性にとってもっとも気持ちのよい体位ではないかと推測されます。実際に、体位とクリトリスの血流量の関係を調べた興味深い実験（＊29）があります。

この実験では、女性のクリトリスにエコーを付けて、血流を測定しながら騎乗位、座位、バック、枕ありの正常位、枕なしの正常位という5つの体位でセックスしてもらいました。

その結果、まず、**顔が向き合う体位のほうが、顔が向き合わない体位よりも血流量が増加する**ことが明らかになりました。

正常位、座位、騎乗位など顔が向き合う体位では、お互いを見つめ合うことができ、肌と肌の触れ合いとともに愛情ホルモン「オキシトシン」が大量に分泌されます。これにより、愛情や信頼を深めていく効果が期待できるのです。

さらにこの実験では、**クリトリスの血流量がもっとも多かった体位は、枕ありの正常位**という結果が示されています。枕（クッションも可）を女性のお尻の下に敷くことで、骨盤の角度が少し前傾し、挿入の角度が変わります。若い頃は、柔軟な関節を活かして腰を動かし、ペニスが自分の気持ち良いポイントに当たるよう調整することが容易です。

しかし、中高年になると関節が硬くなり、人によっては腰痛や股関節の痛みを覚え、自分で骨盤の角度を調整しづらくなります。腰を動かしたいけど動かせない……そんなとき、大きな助けとなるのが枕やクッションです。

腰の下に枕を置くことで、**ピストン運動の際、男性が腰を前に動かす力（推力）と重力の方向が一致し、ペニスを膣の奥までスムーズに挿入できるよう**

## 中高年にオススメ！　机を使った正常位

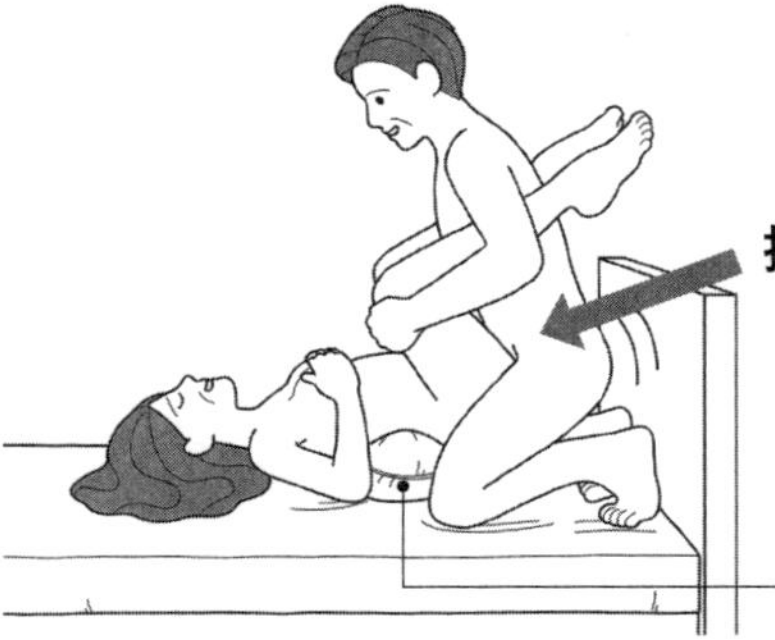


女性の骨盤の下に枕やクッションを敷き入れると、女性の負担を軽減できる。

**になります。**

これにより、女性にとっては、ポルチオ（子宮の入口）までしっかり刺激が伝わり、オルガズムに達しやすい体位になります。その結果、クリトリスの血流が大幅に増えると考えられます。

このとき、脳は「クリトリスの血流量が増加した＝オルガズム」と判断し、オキシトシンやドーパミン、β-エンドルフィンなどの脳内ホルモンが分泌されやすくなることが推測されます。

## Q73 女性は長い時間、挿入されていたほうが気持ちいい？

**A** 「長ければいい」とは一概にはいえません。大切なのは、パートナーの希望とのすり合わせです

「セックスは長いほどいい」と思っている男性は多いですが、はたして目の前の女性は、どう考えているのでしょうか。ここではまず、女性が望む「理想の挿入時間」についてみていきましょう。

ＴＥＮＧＡヘルスケアの調査（＊30）によれば、「実際の挿入時間」でもっとも多かったのが「10〜14分」、次に多いのが「5〜9分」でした。次に「理想の挿入時間」として多かった回答は、1位が10分（20・9％）、2位が5分（18・9％）、3位が1分未満（12・9％）という結果に。

さらにデータを集計すると、**女性の約75％が「10分以下」を希望し、半数近くは「5分以下」の挿入を望ましいと回答**しています。つまり、**女性側からすると、必ずしも「長ければ長いほど理想的」というわけではない**ことが

わかります。

ちなみに、イギリスの大手コンドームメーカーDurex社の「世界各国のセックス頻度と性生活満足度調査2006 Global Sex Survey Results」によれば、日本人の平均的な挿入時間は「16分」でした。この16分という数字を、あなたはどう見るでしょうか。

たとえ挿入時間が、「平均時間」の16分でも、10分以下を希望する女性には「長すぎる！」と感じられますし、30分希望の人には「満足できない」と思われてしまいます。ましてや、そのセックスでオルガズムを感じられなかった場合、長時間の挿入は女性にとって負担や苦痛になってしまいます。

「自分は挿入時間が短いように感じる……それではパートナーが満足していないのではないか」と思っていても、実はパートナーがそれほど長い挿入時間を求めておらず、杞憂《きゆう》で終わるかもしれません。

## 実際の挿入時間と、女性が理想とする挿入時間

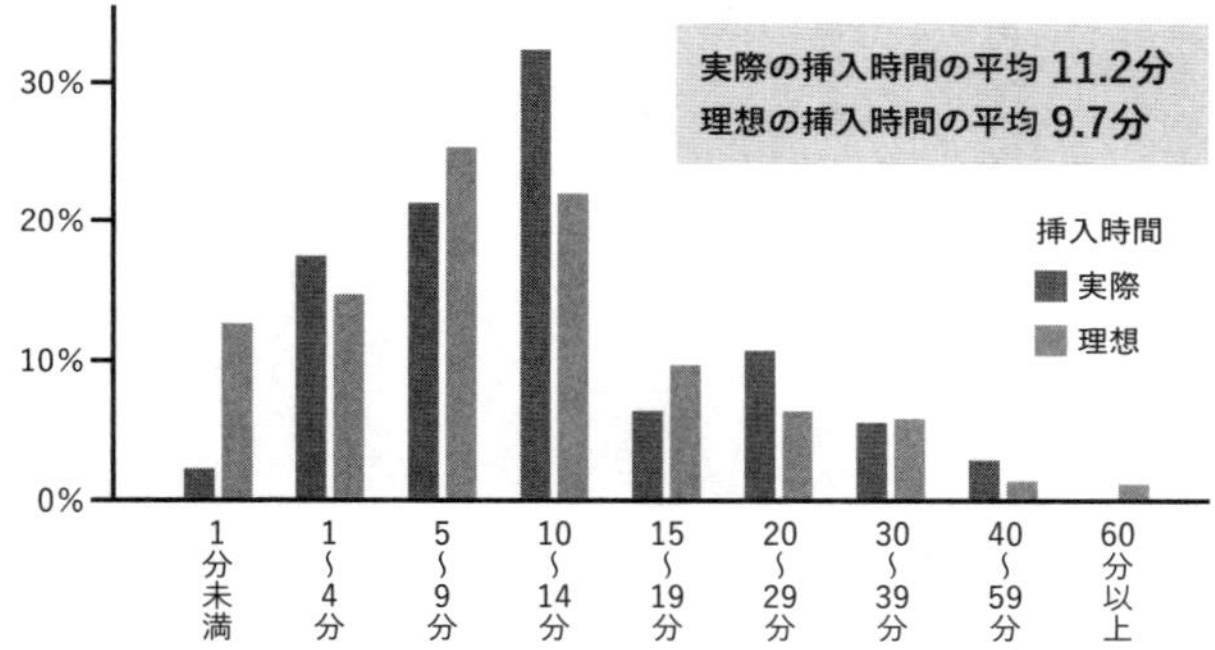


出典：TENGAヘルスケアが2017年に調査したセックスでの
「実際の挿入時間と女性が理想とする挿入時間」のデータ
（女性449名のうち、20〜40代：各100名、50代：80名、60代：69名　平均42.7歳）

自分が望む挿入時間を判断基準にするのではなく、相手が望む挿入時間を知って、ふたりの折り合いをつけることから、セックスコミュニケーションが始まります。

もしも、挿入時間についての不安や心配、モヤモヤがあるのなら、目の前のパートナーはどう感じているのか、率直にぶつけてみるのもよいでしょう。ほんの少しの勇気が豊かな性生活につながるはずですよ。

# Q74 ピストン運動は不規則なほうが女性は感じる？

**A** ピストン運動に「自己流のアレンジ」は不要です。規則的で単調なピストン運動を心がけましょう

ピストン運動には「不規則で勢いや変化が必要だ」と思い込んでいませんか？　結論からお伝えすると、**ピストン運動は「トン・トン・トン……」というリズミカルかつ単調な動きが正解**です。

「単調なピストン運動では、飽きがきて感じないのでは？」と多くの人が誤解している理由として、**手や足などの感覚神経への刺激と、ペニスやGスポットなどの「性感帯」への刺激を混同してしまっている**ことが挙げられます。

たとえば靴下を履くとき、最初は「あ、靴下を履いているな」と意識しま

す。しかし、数分も経つと、靴下が皮膚に触れている感覚を忘れてしまいますよね。

これは脳の「順応」という働きによるものです。靴下を履いた際の刺激が脳に伝わると、脳の「一次体性感覚野」という部位がその感覚を処理します。一次体性感覚野は、体の触覚や温度、痛み、圧力などの感覚情報を処理する場所で、同じ刺激が続くと「この刺激は重要ではないな」と判断し、処理を弱めていきます。この働きによって、私たちは靴下の刺激に慣れて、履いていることを意識しなくなるのです。

しかし、靴の中で靴下がズレた場合はどうでしょう。おそらく「なんだか気持ち悪いな。靴を脱いで靴下を直そう」と思うはずです。

このように、新しい変化や刺激が起こると、一次体性感覚野は再び活発になり、脳は「新しい刺激」と判断し、次に取るべき行動（この場合なら、靴を脱いで靴下を直すこと）を指令するのです。

しかし、性感帯への刺激の場合、これとは少し事情が異なります。

オルガズムは、脳の複数の部位が**ほぼ同時に刺激を受ける、非常に複雑な神経現象**です。そのため、あまりに複雑な刺激が乱発されると、脳は情報を的確に取りまとめることができなくなってしまいます。**オルガズムの際、脳にとっては、単調でリズミカル、かつ繰り返す刺激が好ましい**といえるのです。

## ●「予測可能な刺激」のほうが、イキやすい

さらに、脳の「報酬系」という回路が働くと、快楽物質のドーパミンが放出されます。この**報酬系は、「予測可能な刺激」によって興奮し、活動が活性化する特徴があります。**予測可能な刺激は、「ここは安全な環境だ」と脳に認識させやすく、危険を回避する行動にもつながります。

また、予測どおり報酬を得られるほうが、脳はエネルギーを無駄遣いせず、効率よく目標を達成できます。

この報酬系の特徴をピストン運動に当てはめると、どうでしょう。不規則なピストン運動をしていると、相手の脳は次にどのような刺激が来るかを予測できず、不安を感じてリラックスできなくなります。

そのため、報酬系の観点からも、**脳にとっては単調でリズミカルなピストン運動のほうが好ましく、これによって報酬系の回路が活性化され、ドーパミンが大量に出ることで、オルガズムを感じやすくなるのです。**

ピストン運動では、自己流のアレンジは不要です。

**大切なのは、一定のリズムがもたらす「安心感」**。「トントントントン」と一定のリズムを繰り返し、一定の角度、強さ（圧力）を保ったピストン運動こそが、オルガズムをもたらすカギとなるのです。

## Q75 ローションを使うのは「テクニック不足」？

A ローションは大人のたしなみです。テクニックとは関係ありません

女性から「ローションを使って」と言われると、「自分のテクニックが悪いんじゃないか……」と感じる男性が少なからずいるようです。

しかし、**ローション（潤滑剤）を使うことは恥ずかしいことでも、うしろめたいことでもありません。**女性の場合、月経周期やその日の体調によって、濡れにくい日があります。さらに加齢によりエストロゲンの分泌量が減ることで、膣の分泌液が少なく（濡れにくくなる）なることも、ぜひ男性に知っていただきたいと思います。

また、男性も加齢によって皮膚が薄くなり、摩擦に弱くなっていますので、ローションによって摩擦による痛みが軽減されることが期待できます。

## Q76 ローションの安全な選び方は？

**A** 挿入時に使用する場合は、「潤滑ゼリー」と明記されているものを選びましょう

ローションは大きく分けて**「全身用」と「粘膜用」**に分類されます。

マットプレイの際、体の表面に塗って、ぬるぬる感を愉しむ「全身用」には、ポリアクリル酸ナトリウムという成分がよく使われています。これは赤ちゃんのおむつや生理用品にも使われているのですが、水分を吸収することで粘度のある液体を形成する特徴があります。

しかし、「全身用」のローションが膣内に入ってしまうと、膣内の潤いが失われたり、イヤなニオイの原因になったりすることがあるので注意が必要です。

## 性交痛対策にもオススメのローション

「TENGAモイストケアジェル」は、炎症を抑える成分も配合されているため、中高年にもオススメ。

セックスの挿入時に使用する場合は、**「潤滑ゼリー」や「フェミニンモイスチャライザー」などと明記された製品を選びましょう。**特にデリケートな部分には、医療機関や薬局で取り扱われている信頼性の高い製品を使うことがポイントです。

また、ローションにはウォーターベース、シリコンベース、オイルベースなどのタイプがありますが、はじめて使う方には、さらっとした使用感で洗い流しやすいウォーターベースがオススメです。

# Q77 ローションを使う際、量の目安は?

**A** 1回のセックスで「さくらんぼ9個分」が目安です。挿入前から、たっぷり使いましょう

一般的に、1回のセックスで使う潤滑剤の量は「さくらんぼ3個分」といわれていますが、更年期以降、膣の分泌液が減ってしまう女性にはその量では足りません。中高年はその倍~3倍を使うのがオススメです。

ローションは、挿入する直前に塗布するものと思う方もいるかと思いますが、前戯の段階から広範囲に塗ることが大切。その際、出し惜しみせずにたっぷりと使うのがポイントです。

行為中に何度かローションを継ぎ足してもよいでしょう。女性は月経周期や体調によって、濡れにくい日があります。たっぷりとローションを使うことで性交痛の不安そのものから解放されるのです。

使い方は、以下のステップを参考にしてみてください。

**【富永式　潤滑剤テクニック】**

①外陰部（表面）にたっぷり塗る（ここでまず、さくらんぼ3個分）

②挿入前に膣内にローションを押し入れる。理想はパートナーの口移しで（さらに、さくらんぼ3個分）

③ペニスを半分入れた状態で接合部に継ぎ足す（ここでもさくらんぼ3個分）

④挿入中にも乾いてきたら、結合部に「追い潤滑剤」をする

挿入については201ページの「ペニス3分の1の法則」も忘れずに。

基本的に水溶性のローションならベタつくことも少ないですが、「こんなにたくさん使ったらシーツが汚れて、洗濯が大変になるのでは……」と心配される方は、介護用の防水シーツを使ってみるのもオススメですよ。

# Q78 女性はやっぱり大きなペニスのほうが好き？

## A 女性が重視するのは、「大きさ」よりも「清潔感」です

「女性は大きいペニスが好きなはず」
「小さいペニスの自分は相手にされないのではないか……」
男性が抱えるペニスのサイズへの悩みは、なんとも根深いものです。

ここでは、まず女性が理想とするペニスのサイズに関する研究をご紹介しましょう。カリフォルニア大学では、3Dプリンターを使用して、女性たちに好みのペニスサイズを選んでもらうという調査を実施しました（＊31）。すると、**平均より少し大きめが好まれる傾向**であることが明らかになりました。

その一方でカリフォルニア州立大学での5万人を超える大規模調査（＊

32）では、**85％の女性が「大小かかわらず、恋人のペニスのサイズに満足している」**という結果が出ています。

しかし、**ペニスのサイズ以上に、女性が重要視するのは「清潔感」**です。勃起時に亀頭が完全に露出しない「真性包茎」や剝いた皮が亀頭を締め付けてしまう「カントン包茎」の場合、包皮と亀頭の間に汚れが溜まりやすく、性感染症などの原因になることがあります。

さらに、「小さいペニスじゃモテない……」など自己評価が低いと、自信を失い、ＥＤのリスク要因となってしまうことを示す研究結果もあります。

数々のデータからも、**大きさに以上に、清潔感と健やかなセルフイメージを持つことが豊かな性生活のためには欠かせない**ことがおわかりになると思います。

## Q79 膣が締まるのは「イッた」サイン？

**A** 本当に女性がイッたときは、膣奥が広がる「バルーン現象」が起こるといわれています

膣の締まり＝オルガズムのサインと思っている方はいないでしょうか。

結論からいうと、女性の膣はオルガズムを迎えると、**入口は狭まり、奥は広がる**という特徴があります。

この膣が膨らんでいく現象は「**バルーン現象**」と呼ばれます。重要なのは、単に膣がきつく締まるわけではなく、膣の奥が広がっていく点。男性の中には、ペニスがふわっと解き放たれるような快感を覚える人もいるそうです。

**【性反応の4段階】**

ここでオルガズムに至るまでの性反応の変化をみていきましょう。

セックスで体に起こる変化は、**①興奮期→②高原期→③オルガズム期→④消退期**という４つの段階に分かれています。

性的な刺激が与えられてスイッチが入ると、まず訪れるのが①「**興奮期**」です。ここではセックスが始まり、心身が高ぶりはじめた段階で、性器が充血を起こすタイミングです。**女性の膣は濡れはじめ、クリトリスも膨らんできます。**

そして性的興奮がしばらく続くと、次は②「**高原期**」に突入します。高原期では、呼吸数・心拍数・血圧が上がり、性器を挿入できる準備が整います。**女性は膣の奥が広がりはじめ、男性は、カウパー腺液が分泌されます。**

やがて性的興奮が絶頂に達し、快感を得るのが③「**オルガズム期**」です。このとき**女性の膣入口（入口５㎝付近、いわゆるＧスポットあたり）は、０・８秒間隔で弛緩と収縮を繰り返します。膣奥は広がり続けた状態です。**呼吸数・心拍・血圧も上昇し、人によっては汗をかいたり、皮膚が紅潮したり、けいれんが起こったり、さまざまな反応が生じます。

そして、このオルガズムの状態から平常の状態へ戻るのが、④「**消退期**」と呼ばれます。

**実は、膣がキューッと締まるのは、③のオルガズム期ではなくて、その手前の②高原期に起こる現象**です。このタイミングで、男性が果ててしまったり、愛撫を止めてしまったりすると、女性は「あとちょっとなのに……」と残念な気持ちになります。**真のオルガズム期では、膣の入口は収縮と弛緩を繰り返し、膣の奥が広がります。**

また、更年期以降の女性の場合、男性が感じる「締まり」は、膣萎縮や膣分泌液の不足による摩擦であることも少なくありません。

もちろん「膣が締まる」「膣奥が広がる」といった体の変化には個人差があります。婦人科系の疾患で子宮摘出の手術をした人や、もともと骨盤底筋の筋肉量が少ない人など、ここで述べたようなオルガズム反応が生まれない人もいます。

## Q 80 「女性は脳でイク」ってどういうこと？

**A** リラックス、性欲、共感力。これらは、女性がイクための「絶対条件」です

男性の場合、性的な刺激とオルガズムは切り離せないのに対して、究極的には女性は、想像や妄想でもオルガズムを得られることが医学的にも証明されています。言い換えれば、女性の場合、どれだけ優れたテクニックを持つ相手でも、**「脳が気持ちよい」と感じなければオルガズムには至りません。**

「オルガズムは脳で起こるのであって、股間で起こるのではない」とは、神経科学者のデイビッド・J・リンデンの言葉ですが、結論として**女性がオルガズムに至るためには、「リラックスしていること」「性欲があること」「共感力があること」の3つの条件が必要**です。

まず、リラックスしていないと骨盤の筋肉が緩まず、性器への血流が滞っ

てしまいます。これにより、外陰部や膣が潤い不足に陥り、準備が整わないまま挿入されると痛みを感じることがあります。さらに、その痛みによる緊張がリラックスを妨げ、悪循環を引き起こしてしまいます。

またオルガズムには、パートナーへのときめきといった「性欲」があること、尊敬や敬意、親しみといった「共感力」があることも欠かせません。**女性は視覚、聴覚、触覚などから、「自分が大切にされている」という刺激が脳に伝わると、β-エンドルフィンやドーパミンといった脳内ホルモンが分泌され、幸福感や愛着感を得やすくなります。**

逆に、パートナーから日常的に暴言を吐かれている、会話がかみ合わないなどの状態は、「オルガズムの絶対条件」を満たしているとはいえません。このような状況でセックスをしても、女性がオルガズムを得られないのは当然のことです。これらの絶対条件を考えると、オルガズムの基本は「健やかな人間関係あってこそ」といえるでしょう。

# Q81 中折れしたら、ペニスを強くしごいたほうがいい？

**A 焦ってペニスを強くしごくのはNG！ 勃起にはリラックス状態が必須、前戯に戻るのも方法です**

52ページでお伝えしたように、中折れはEDの一種です。
ED治療薬を飲んだり、骨盤底筋を鍛えたり、陰圧式勃起補助具を使った勃起力トレーニングを行ったり……ED改善策は数多くあります。しかし、それでも中折れに見舞われてしまうことは誰にでも起こり得ます。

中折れをしてしまったとき、**もっとも避けるべきなのは、ペニスを強くしごくこと**です。

ここで思い出してほしいのが、**勃起を司る自律神経は、副交感神経**だという点です。**副交感神経は、リラックスした状態で優位になります。**焦って強くペニスをしごいてしまうとリラックスどころか、交感神経が優位になってしまい、勃たない↓焦る↓ますます勃たない、という悪循環に陥ってしまいます。

焦りは中折れの大敵です。

中折れをした際には、**ピストン運動は一旦やめて、前戯に戻るのもオススメです。**パートナーと抱き合ったり、キスをしたり、まずは一度、リラックスできる時間をつくりましょう。もし、彼女がフェラチオに応じてくれるなら、それが復活のきっかけになることもあります。

首尾よく中折れを克服して、再び挿入にチャレンジする際、パートナーに顔を見られるのが気まずい方は、相手と目線を合わせる必要のない寝バックや後側位などの体位がオススメです。

## Q82 お酒を飲むと、うまくフィニッシュできなくなるのはなぜ？

**A** お酒によって、自律神経のコントロールがうまくできなくなるためと考えられています

お酒はリラックス効果をもたらしてくれますが、飲みすぎるとスムーズに射精ができなくなる方も少なくありません。これは、自律神経の働きがお酒によって抑制され、鈍くなってしまうのが原因です。

**自律神経とは、私たちの意思とは関係なく自律的に（勝手に）働く神経**です。私たちは「よし、心臓の筋肉を動かそう」と思って、心臓を動かしていませんよね。しかし、それでも心臓は日々、絶え間なく動いています。これは、すべて自律神経の働きによるものです。自律神経には、**活動するときに働く交感神経と、休息やリラックスするときに働く副交感神経**があります。

セックスでも自律神経の働きは重要です。男性の場合、**勃起を司るのは副交感神経、射精を司るのは交感神経**とそれぞれ司る自律神経が異なります。簡単にいうと、勃起にはリラックス（副交感神経）が必要で、射精にはある程度の興奮や緊張（交感神経）が必要です。しかし、アルコールを飲みすぎると、自律神経のバランスが崩れてしまうため、「なんとか勃起したけれど、うまく射精ができなかった……」という不完全燃焼が起こってしまうのです。

**勃起をして射精をするという一連の流れがスムーズに行われるのは、「副交感神経→交感神経」の切り替えがスムーズにできてこそ。**適度なアルコールは気分をリラックスさせ、男女の仲を深める潤滑油の働きをしてくれますが、燃え上がるようなセックスをしたければ、お酒はほどほどに控えておいたほうがよさそうです。

## Q83 「スローセックス」って何に時間をかければいい？

**A** 時間をかけるべきは、十分な前戯とコミュニケーションです

若い頃のようながむしゃらなセックスではなく、ゆっくり時間をかけた肌のふれあいを愉しみたい——酸いも甘いもかみ分けた大人世代にオススメなのが**「スローセックス」**です。

「スロー」というと、その語感から「長時間のセックス」と連想されがちですが、そうではありません。スローセックスとは、射精や絶頂を目的とした男性本位のセックスに対し、**ゆっくりと時間をかけ、男女が互いをいたわりながら肌を重ねる「過程」を愉しむセックス**です。セックスセラピストのアダム徳永氏の書籍がベストセラーになったことで、その名前が広がりました。

しかし、どうすれば互いをいたわりあうセックスができるのか、いまいちよくわからない方もいるでしょう。スローセックスで重視するポイントは2

つ、「**十分な前戯**」と「**コミュニケーション**」です。

**① 十分な前戯**

十分な前戯をすることで、心身をリラックスさせ、セックスを愉しむ準備が整います。脳からは「愛情ホルモン」のオキシトシンも分泌され、互いに愛し合っている実感を得られます。

**緊張をほぐすため、特に肩や背中まわりを優しくマッサージする**のもいいですね。緊張していると交感神経が優位になってしまいますので、マッサージによって副交感神経が優位な状況を、いわば人為的につくり出すわけです。

前戯はゆっくりしたタッチを心がけましょう。愛撫センサーともいわれる**C線維を刺激するよう、毎秒5㎝程度の速度で、圧をかけずに軽く、優しくタッチ**します（Q57参照）。

**② コミュニケーション**

スローセックスでは、お互いの気持ちについて語り合うのも大切なポイントです。自分の性感帯、好きな体位などについても素直に伝え合いましょう。万一、**セックス中に痛みや不快なことがあれば、その場で伝える**ことが大切です。痛いこと、嫌なことを伝えることは、お互いの体や性癖を知るうえで欠かせませんが、セックスが終わったあとになって、「あの愛撫が痛かった」「ああやって触られたのが、実は嫌だった」と言われても、相手が理解しにくかったり、真意がうまく伝わらなかったりすることもあります。気になることはそのときに話し合っておきましょう。

スローセックスの醍醐味は、リラックスした状態で、お互いの感覚や気持ちを理解し合いながら、心と体を満たしていくこと。大人になると、人と触れ合う機会が減り、愛情ホルモンのオキシトシンが分泌される機会も少なくなります。スローセックスは、ふいに訪れる寂しさ、喪失感を愛で満たすことができるセックスともいえるでしょう。

## Q 84 スローセックスのマッサージってどうやるの？

A グイグイ押すマッサージはNG！
優しく包み込むように触れることを心がけて

女性をリラックスさせるためにマッサージをするといっても、グイグイとツボを強く押したり、揉み込んだりはしません。ここで行いたいのは、**女性の背中、手足を柔らかく、包み込むように触れるマッサージ**です。優しく触れられることでオキシトシンが分泌され、気持ちも穏やかになっていきます。

このような相手に優しく触れて慈しむマッサージの手法は、「タッチセラピー」とも呼ばれ、医療や介護の分野でも用いられています。

スウェーデンの研究では、タッチセラピーを受けた女性は気持ちが前向きになる、自尊心が高まるといった結果が得られたそうです。目安は約10分間。手が冷たいようなら、触れる前にお湯などで温めておきましょう。

## マッサージのバリエーション（例）

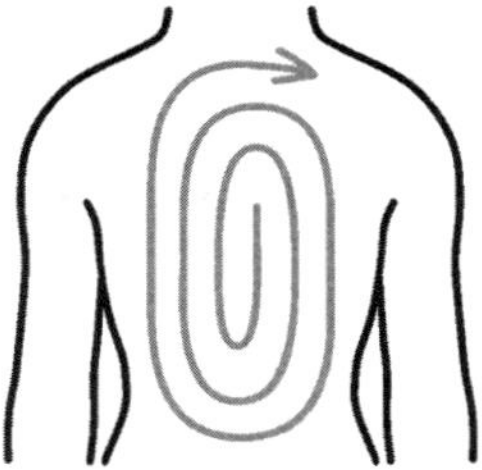

背中の中心から外側に向かってゆっくりとなでる。

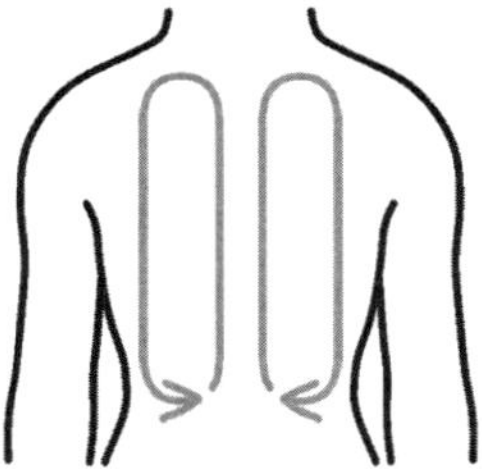

両手を背中の真ん中に置いて、弧を描くように背中全体をゆっくりとなでる。

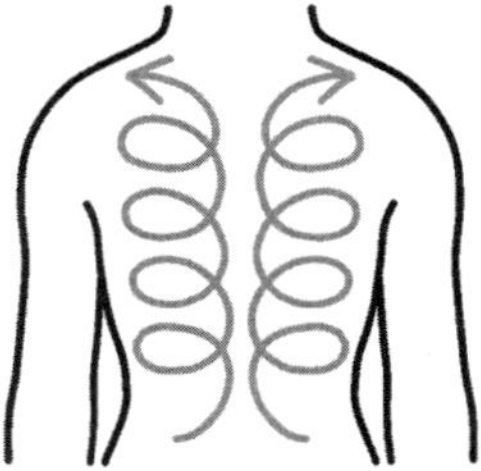

両手を腰の中心に置き、ハートを描くように手を滑らせ肩までなでる。

〈陰部は触る前に温める〉

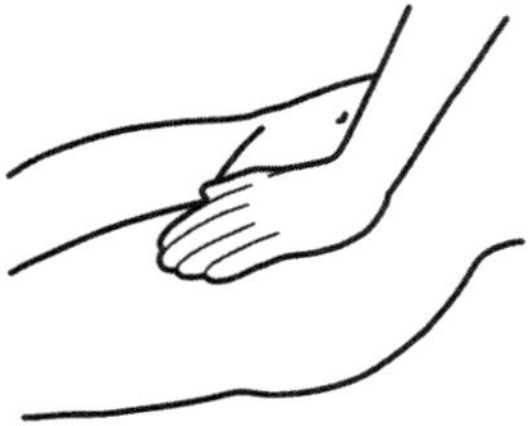

陰部を愛撫する前には、太もも の付け根内側を手で温めることで血行を促す効果も。

# Q 85 「賢者タイム」で寝落ちしてしまうのは、なぜ？

## A 賢者タイムでは、眠気を引き起こす「プロラクチン」が分泌されるためといわれています

セックスのあと、思わず寝落ちしてしまった、という経験のある方もいると思います。射精後に男性が感じる虚無感や興奮の冷めた状態のことを俗に**「賢者タイム」**といいます。男性にとっては自然な現象も、女性の中には「すぐ寝るなんて、私は遊びの女？」と不安な気持ちを抱く人もいるようです。

では、なぜセックスのあと、男性はぐったりしたり、猛烈な眠気に襲われてしまったりするのでしょうか。

セックスやオナニーでオルガズムを得ると、脳内にはオキシトシンという愛情ホルモンや快楽を生むドーパミン、鎮痛・鎮静作用を生むβ-エンドルフィンなど、快楽にまつわるホルモンが分泌されることはすでにお話しした

とおりです。また、セロトニンという睡眠・覚醒のリズムを整える物質も生成され、自然な入眠が促されます。

さらに**男性の場合、射精をしたあとは「プロラクチン」という、眠気を起こす物質が分泌されます。**このプロラクチンは、赤ちゃんがおっぱいを飲んだあと、乳首を刺激されることにより分泌される物質です。つまり、男性が射精をしたあとは、赤ちゃんに母乳をあげたあとと同じ状態になるイメージ。さらにこのプロラクチンはドーパミンの興奮作用を抑制する働きがあります。つまり、セックスの興奮をプロラクチンがクールダウンしてくれるというわけです。

TENGAヘルスケアの調査（＊33）によれば、賢者タイムの長さは個人差が大きく、男性では平均25分。賢者タイムは女性にもありますが、平均で約6分と男性と比べて短い傾向があります。「男がセックス後、寝落ちするのは仕方ないんだ」と開き直るのは考えものですが、男性も女性もそれぞれの体の仕組みを正しく知ることで、無用なすれ違いは軽減されると思います。

# Q86 セックスの「マンネリ」はなぜ起きる?

**A マンネリは「社会性」を保つための必要な現象。「慣れ」と「新鮮さ」のバランスが大切です**

「セックスのマンネリ化を解消したい」という男性からのお悩みは、とても多く寄せられます。しかし、マンネリは必ずしも「悪いこと」とは言い切れない側面もあります。

ここで考えてみてください。もしも、セックスにマンネリや飽きを感じなかったら、どうなるでしょうか?

セックスをすればするほど快楽が増幅してしまったら、私たちは寝食を忘れてセックスにのめり込み、社会生活が破綻してしまいます。そんな困った事態に陥らないために、私たちの性欲は、「慣れ」によって飽きるようプログラミングされていると考えられています。

そう、**快感に飽きがくるからこそ、私たちは人としての生活を成り立たせることができますし、社会性を保っているからこそ、性生活を存分に愉しむことができる**のです。

もしセックスでマンネリを感じてしまったら、**脳への新たな刺激を意識してみるとよいでしょう。**コスチュームプレイをする、いつもと違う場所でセックスをする、寝具を新調する……些細な変化や意外性が脳のドーパミン分泌を促し、快感を持続させてくれるはずです。

とはいえ、セックスにおいては、毎回、際どいプレイをしなくてはならないわけではありません。リラックスした状態でないと女性はオルガズムを得にくいですし、不安を伴うプレイでは、緊張を感じて交感神経が優位になり、オルガズムが遠のいてしまいます。

新しいことにばかりチャレンジしても安心感は生まれない。だからといっていつもと同じ愛撫や体位ばかりでは、マンネリ化して飽きが来る——**大切なのは安心感に通じる「慣れ」と「新鮮さ」のバランス**です。

# Q 87 セックスレスのパートナーの性欲をふたたび高めるには？

**A** セックスレス解消のカギは、ベッドにあらず。日常生活での「ありがとう」から始めてみましょう

セックスレスにも、いくつかのパターンがあります。

まず、お互いに「もうセックスは卒業してもいいよね」と、ふたりの意思が合致している場合は、特に問題がありません。

問題なのが、片方がしたいのに、片方が拒否している場合です。少し厳しいようですが、こういった場合、相手の意思や行動を短期間で変えるのは、難しいかもしれません。特に、**コミュニケーション不足がセックスレスを招いている場合、ベッドの上だけでセックスレスの問題を解消しようとするのは、現実的とはいえません。**

セックスは、ふたりだけの大切な秘密の行為です。他人にはけっして見せ

ない姿までさらけ出す「究極のコミュニケーション」ともいえるでしょう。そんな究極的な行為を、コミュニケーションの土台が構築されていない状態で、一足飛びに行おうとするのは土台無理な話なのです。

セックスレス解消には、**専門家によるセックスカウンセリングを受けるのも方法**です。また、セックスをする環境を変えたり、旅行に行ったり、プレゼントをしたり、ボディタッチを増やしたり、さまざまな策を講じるうちに、あなたの優しさが相手の心を開くこともあります。

そして、なにより大切なのが、**コミュニケーションの見直し**です。

セックスは、相手への感謝の気持ちや愛情表現、日常的なコミュニケーションの延長線上にある営みです。つまり**セックスレスを解消するには、日常生活のなにげない会話や、ふたりの日頃のやりとりを見直してみる**ことが大きなカギを握っています。口下手で、自分の気持ちを言葉にするのが苦手な方は、**まずはパートナーに「ありがとう」を伝えることから始めてみませんか？**

## Q 88 「幸せなセックス」ってどんなセックスですか？

**A** いわゆる「後戯」に時間をかけることが、セックスの幸福度を上げるという研究結果があります

たとえ体が快楽を感じても、心が空虚であれば「幸せ」とはいえません。身体的な快楽は大切ですが、**「気持ちいいセックス」と「幸せなセックス」は、必ずしもイコールではないのです。**

セックスを通じて、パートナーとの絆や心のつながりを感じられたとき、幸福感はさらに高まります。そして、それが一時的ではなく、持続的であれば、**心はより一層満たされる**ことでしょう。人生100年時代において、「幸せなセックス」は、私たちが目指すべきひとつの目標ともいえるのではないでしょうか。

自分が「幸せだな」と感じることも大切ですが、相手も同じように幸せを

感じていてくれるのかどうかも気になるところですよね。では、相手が幸福感を得るセックスとは一体、どのようなセックスでしょうか。

カナダのヨーク大学の研究（＊34）によると、**「セックス後の親密な行動は、パートナーの性的満足度を高める」**と報告されています。親密な行動とは、具体的には、**抱きしめたり、愛撫をしたり、「気持ちよかったよ」などと伝えて親密さを共有したりする行為を指します。いわゆる「後戯《こうぎ》」と呼ばれるもの**ですね。

さらに注目すべきは、この「後戯」**の時間の長さが非常に重要**であることです。**後戯にたっぷりと時間をかけることで、パートナーの性的満足度や関係性への満足度が向上し、「幸せなセックス」をより深く味わえるのです。**

逆に、百戦錬磨のテクニックを駆使してオルガズムに導いたとしても、セックス後すぐにシャワーを浴びに行ってしまったり、「賢者タイム」と称して高イビキをかいたり、タバコを吸ったりすると、パートナーは幸福感を感じにくくなるでしょう。

## Q 89 挿入ができなくなったら、セックスは「卒業」？

**A** 挿入を伴わない「アウターセックス」という選択肢も。大切なのは、パートナーとのセックスの定義のすり合わせです

男性も女性も「挿入がなければ、それはセックスではない」と考える方は少なくありません。しかし、医者の私が言うのもなんですが、年齢や病気に勝てる人はいません。長い人生、病気や不慮の事故などによって、挿入を伴うセックスができなくなる可能性もあります。

そんなとき、挿入だけにこだわってしまうと、その人の考える「セックス」ができなくなり、ときに深い孤独を感じるかもしれません。ですが、人生は続きます。今、どんな愛情表現ができるのか、そのときの状況に合わせてできる愛情表現を愉しむほうが、間違いなく人生は充実するでしょう。

パートナーとの関係が良好なら、**挿入にこだわらない「アウターセックス」**

という選択肢もあります。アウターとは「外側の」の意味、**愛撫や抱擁、キスなど膣内への挿入を伴わない性的な行為**です。お互いの体を慈しむという意味では、むしろ「愛情表現」というセックスの本来の意味に近い行為ともいえるでしょう。

大切なのは、パートナーと自分が「何を／どこまでをセックスと考えるか」という、**セックスの定義のすり合わせ**です。

セックスの定義に正解はありません。とはいえ、「あなたが考えるセックスとは？」と質問を投げかけたところで、即答できる人は少ないかもしれません。セックスのあと、ピロートークのようなリラックスした場面で、時間をかけてふたりで話し合うのが理想的です。

挿入を伴うセックスができなくなったとき、どのようにして性を愉しみ続けるのか――これは、人生100年時代を生きる私たちにとっての「性の課題」ともいえるでしょう。

COLUMN

データで紐解く全国の性事情④

# 前戯に30分以上かける県民とは?

気持ちいいセックスに欠かせない前戯。この「前戯にかける時間」についても、地域ごとの違いが大きいようです。

まず、「前戯に30分以上かける」と答えた人の割合がもっとも多いのが愛媛県で14.3%（7人に1人）、2位が神奈川県(13.0%)、3位が長崎県（12.8%）と続きます。なお、3位の長崎県は「パートナー以外の人とセックスをする割合」という設問では全国最下位。ひょっとすると長崎県民は、特定のお相手を大切にする傾向があるのかもしれません。

「前戯に30分以上かける」割合の全国平均は8.3%、つまり12人に1人程度しか30分以上の前戯をしていない計算です。特に徳島県では2.2%（45人に1人）、広島県では3.3%、岐阜県では4.2%と、かなり低めの数字です。

実はこれは大きなチャンス。例えば徳島県で、少し長めに前戯をすれば、相手にとっては「特別な体験」として印象に残るはず。これもひとつの“性”存戦略かもしれませんね。

### 「前戯に30分以上かける」の割合

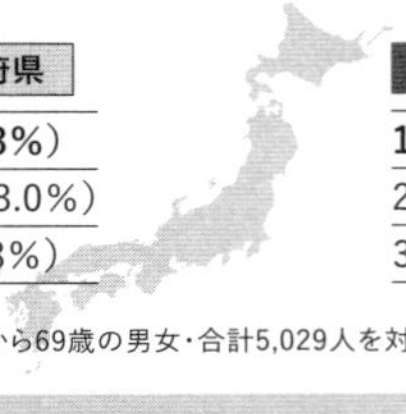

**割合が高い都道府県**

| | |
|---|---|
| **1位** | **愛媛県（14.3%）** |
| 2位 | 神奈川県（13.0%） |
| 3位 | 長崎県（12.8%） |

**割合が低い都道府県**

| | |
|---|---|
| **1位** | **徳島県（2.2%）** |
| 2位 | 広島県（3.3%） |
| 3位 | 岐阜県（4.2%） |

※18歳から69歳の男女・合計5,029人を対象にアンケート調査を実施

出典：「【ジェクス】ジャパン・セックスサーベイ2024」

# 第5章

# 精力がアップする生活習慣Q&A

# 精力的な中高年が実践している健康習慣とは？

運動、睡眠、栄養、規則正しい生活……健康的な生活習慣を続けるのは、なかなか難しいものです。

たとえばウォーキング。歩くことは高血圧や糖尿病、肥満などの生活習慣病予防にもつながるほか、自律神経を整えてリラックス効果をもたらしてくれます。しかし、「面倒くさい……」、「忙しくて……」とついあと回しになってしまう人が多いのも事実。医師から勧められて歩きはじめてみたものの、三日坊主に終わってしまった方もいるかもしれませんね。

実はウォーキングの効果は、生活習慣病予防にとどまりません。**足腰を鍛えて、ＥＤ予防にも効果がある**というあまり知られていない一面もあります。

**骨盤底筋を衰えさせないことが、勃起力の維持にもつながる**のです。

勃起力だけでなく、精力維持にもウォーキングは効果的です。性欲をコントロールするのは、男性ホルモンのテストステロンですが、男性の場合は10代後半から20代前半をピークに減少します。また、仕事など急激なストレスを受けると激減してしまいます。そのため中高年以降は、テストステロン量を「減らさない」ことが重要。**ウォーキングや筋トレで下半身の筋力を維持することは、簡単に始められる精力維持の方法**といえます。

ウォーキングはあくまで一例ですが、ぜひ皆さんに知っていただきたいのは、「**知識は武器**」ということ。正しい知識を得ることで、健やかな生活習慣が身につきます。そしてその積み重ねが、EDや性欲減退、精力低下を防ぎ、中高年以降の性生活を充実させることにつながります。

この章では、セックスをよりよく愉しむための健康習慣を紹介していきます。気になるものから気軽に始めてみてください。小さな生活習慣の積み重ねが、5年後、10年後にやがて大きな花を咲かせることでしょう。

## Q 90 朝勃ちは、なぜ朝に起こるの？

**A** テストステロンは、朝方に多く分泌されるからです

朝勃ちには、男性ホルモンのテストステロンが深く関わっています。すでにお話ししてきたようにテストステロンは性欲や勃起機能にも影響を与えるホルモンです。このテストステロンは、常に一定の量が分泌され続けているわけではなく、1日の中で量が変わります。これを「日内変動」といいます。**テストステロンの分泌量は、特に朝に多く出て、夜になると少なくなる傾向がある**のが特徴。そのため、テストステロンの量が多い朝にペニスが勃起する、つまり「朝勃ち」が起こるのです。

しかし、過度なストレスや運動不足、肥満などによりテストステロンがうまく分泌されなくなると、十分な朝勃ちを得られなくなります。さらに、血管の詰まりによって、朝勃ちが得られなくなることも考えられます。

54ページでお話ししたように、EDは動脈硬化の初期症状であり、危険な病気のサインです。もしも、動脈硬化によってEDが引き起こされていた場合は、すでに心筋梗塞や脳梗塞などが密かに進行している危険性があります。

つまり、**朝勃ちは、テストステロンがきちんと分泌されていることや、ペニスの血管に詰まりがないことを示す「健康のバロメーター」**ともいえます。もしも「朝勃ちをしなくなったな……」と感じたら、「年齢のせい」にせず、過度なストレスによるテストステロンの減少や動脈硬化を疑ってみてください。気になる方は、泌尿器科でテストステロン値を測定するのもオススメです。

朝マラ立たぬ男に金貸すな——これは江戸時代のことわざで、朝勃ちをしない男は、ゆくゆくは健康を損なって、仕事ができなくなり、貸した金が返ってこない、という意味なのだとか。手厳しいですが、朝勃ちが健康のバロメーターということを考えれば、あながち的外れとはいえないでしょう。すでに江戸時代の人が朝勃ちの重要性を心得ていたとは、なんとも驚きですね。

## Q91 セックスは何時にすると気持ちいい？

### A 朝勃ちを利用した「モーニングセックス」がオススメです

「夜の営み」ならぬ、「朝の営み」を愉しむ中高年は少なくありません。

以前、「セックスをする時間帯」について、Facebookコミュニティ「富永喜代の秘密の部屋」のメンバーを対象に調査したところ、**半数近くもの人が「朝から昼にかけて」セックスを愉しんでいる**ことがわかりました。Q90で述べたようにテストステロンは朝方に多く分泌されます。つまり、**テストステロンの増加や、朝勃ちをうまく活用している**人が多いことが推察できます。

飲酒や疲労が重なることの多い夜間に比べ、朝方はぐっすり眠ったあとで体もリラックスし、女性もオルガズムを得やすい状態になっています。寝ているパートナーを無理に起こすのは考えものですが、テストステロンの日内変動を活かした「モーニングセックス」を試してみるのはいかがでしょう。

## Q92 筋肉が増えると精力はアップする？

**A** 筋肉量が増えると、テストステロンが増えます。「自分の限界一歩手前の筋トレを週3回」がもっとも効果的です

筋骨隆々な男性を見ると「夜も強いのかな？」と思いませんか？結論から述べると、**筋トレをして筋肉量をアップさせることで勃起力が向上し、セックスも「タフ」になる可能性がある、**といわれています。

男性の性衝動を司るのは、男性ホルモンのテストステロンです。テストステロンは、性欲だけでなく闘争心やリーダーシップなど、「男らしさ」を維持するために欠かせないホルモンです。

このテストステロンは、10代後半から20代前半をピークに、加齢とともに緩やかに減少していきます。しかし、**筋肉量が増えるとテストステロンの量も増える**ことが、数々の研究で明らかになっています。

ここでぜひ押さえておきたいのが、筋トレの強度です。**筋トレは「自分が限界と感じる一歩手前」の強度がもっとも効果的**だといわれています。

筋トレとテストステロンの増加量を調べたスペイン・エストレマドゥーラ大学の研究（＊35）では、運動する習慣のない健康成人男子20人を対象に週3回、4週間の筋トレを行わせた結果、テストステロンの分泌量が40％アップし、ストレスホルモンのコルチゾールが24％減少したと報告されています。

ここで行った運動の強度は「1RM《アールエム》75％」。RMとは、その人が1回だけ持ち上げられる限界の重さを指します。1RM75％はその最大重量の75％に相当する重さで、もしあなたの1RMが100kgなら、その75％は75kgとなります。これは「ややキツい」程度の重量で、筋肉的にはまだ余力があるものの、限界に近い負荷といえます。

つまり、**自分の限界に近い強度の筋トレを行うことで、テストステロン量をアップさせることができる**ということ。少しキツいかもしれませんが、「限界一歩手前」の強度での筋トレを週3回、行うことを目標にしてみましょう。

## Q 93 テストステロンを増やす筋トレは？

### A 下半身の大きな筋肉を鍛える「スクワット」がオススメです

どの部位を鍛えれば、テストステロン量が増えるのかといえば、ずばり**「下半身」**です。

2019年のドイツ体育大学の報告によれば、上半身を鍛える「ベンチプレス」と下半身を鍛えるスクワットを比較したところ、**スクワットはベンチプレスよりもテストステロン量を増加させる効果が高いことが示されました。**

特に、太ももの前側の筋肉「大腿四頭筋《だいたいしとうきん》（立ち座りにもっとも必要になる筋肉）」と、お尻の筋肉「大殿筋《だいでんきん》」を鍛えることが、テストステロン量をアップさせるのに効果的だとされています。

次のページの正しいスクワットのフォームを参考に、1セット8回を1日2～3セットを目安に、無理のない範囲で行ってみてください。

## 下半身を鍛える「スクワット」のやり方

両手を肩の
高さで伸ばす
「耳たぶ－肩－腰骨」
のラインがまっすぐ
そろうように
つま先を少し
外側に向ける


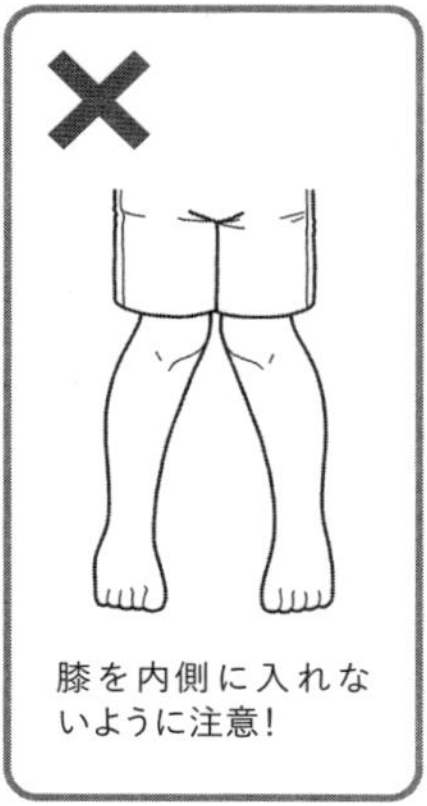


❶ 両手を肩の高さで伸ばし、足を肩幅に開いて立つ。

8回繰り返して
1セット

1日2〜3セットを
目安に

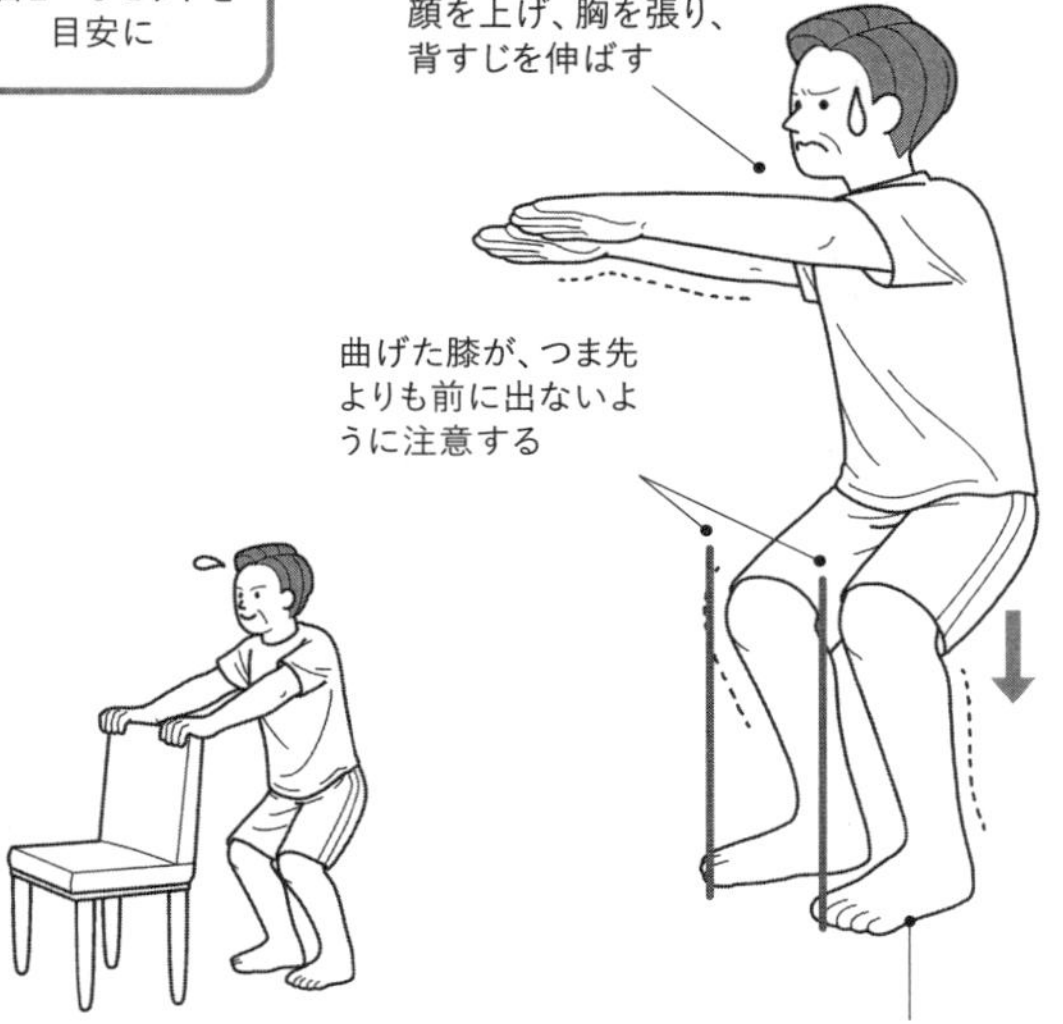
顔を上げ、胸を張り、
背すじを伸ばす
曲げた膝が、つま先
よりも前に出ないよ
体制が安定しない場合は
椅子につかまってOK!
つま先やかかとを
浮かさない


❷ お尻を真下に落とすイメージで膝を曲げる。鼻からゆっくり息を吸いながら腰を落とし、口から吐きながら立ち上がる。目線は斜め前に向け、顎が上がらないように注意する。

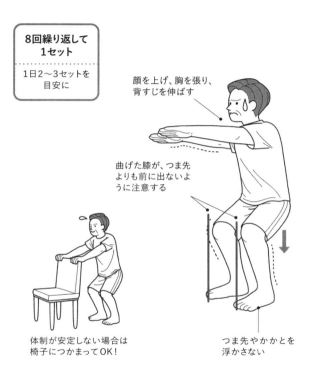

# Q94 ピストン運動がラクになる体操はありますか？

## A 腰痛予防の「これだけ体操®」がオススメです

ピストン運動の大敵になる腰痛。病気が原因でない腰痛の場合、現代の医療では「動かして治す」という考え方が主流です。ぎっくり腰の患者のうち、安静にしていた人たちは、体を適度に動かしていた人に比べて再発率が3倍以上も高く、慢性腰痛に陥りやすいという報告もあります。

ここでは、東京大学医学部附属病院22世紀医療センター特任教授で医学博士の松平浩氏が考案した「これだけ体操®」をご紹介します。

**この体操は、椎間板の核である「髄核《ずいかく》」のズレをリセット**してくれるものです。10秒あればどこでも簡単にできますので、デスクワークや前かがみの姿勢が長時間続いたときに、腰痛予防としてぜひ取り入れてみてください。

## 前かがみの姿勢が続くと腰痛に……

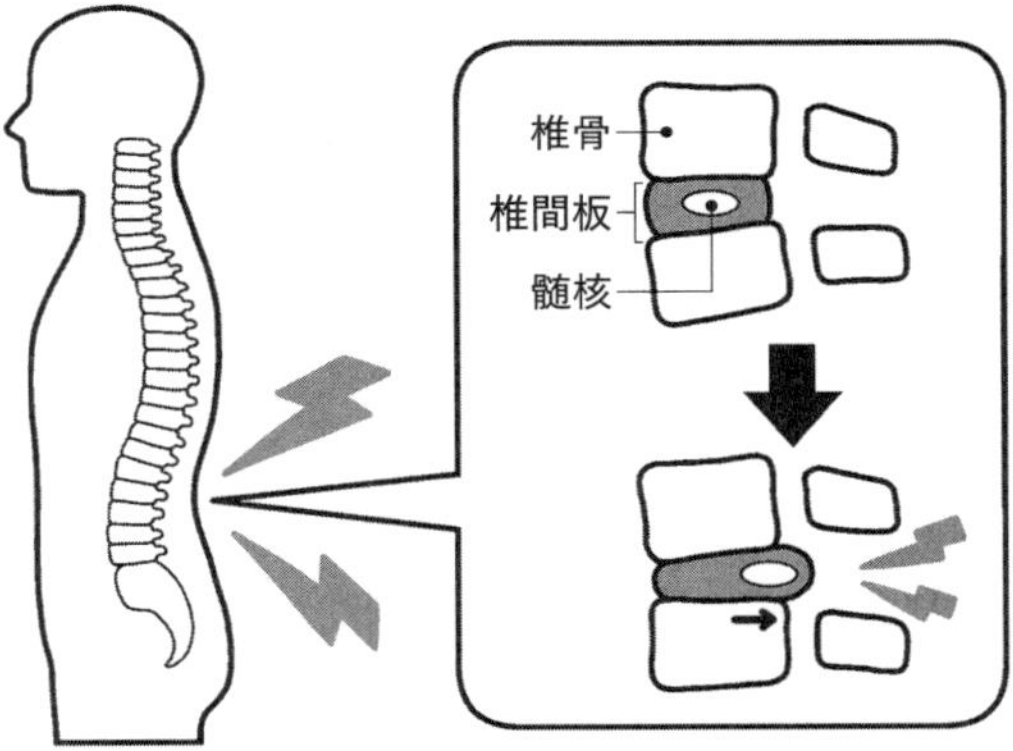

前かがみの姿勢が長時間続くと、椎骨に圧迫されて髄核が後方へ移動。椎間板が変形して飛び出し、神経を圧迫して腰痛を引き起こす。

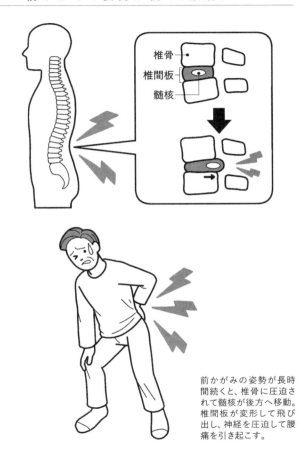

## 腰痛を予防する「これだけ体操®」のやり方

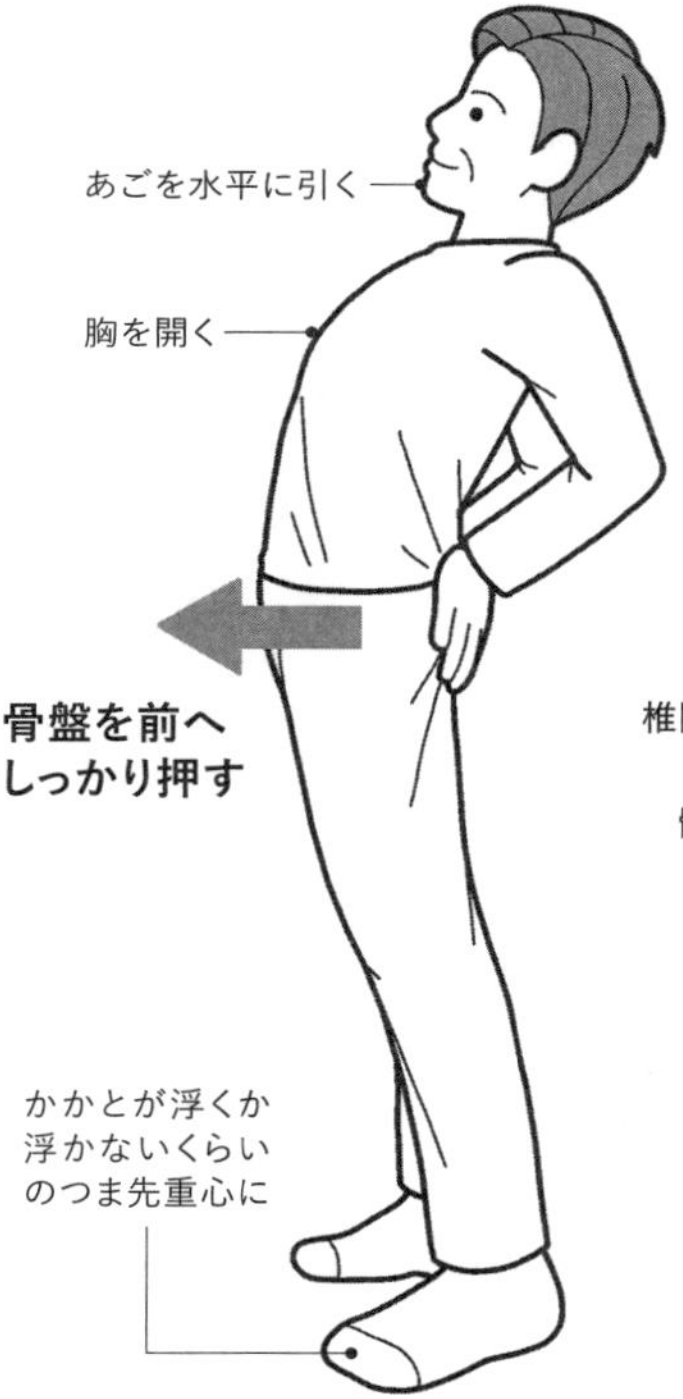
息を吐きながら
3秒間キープ


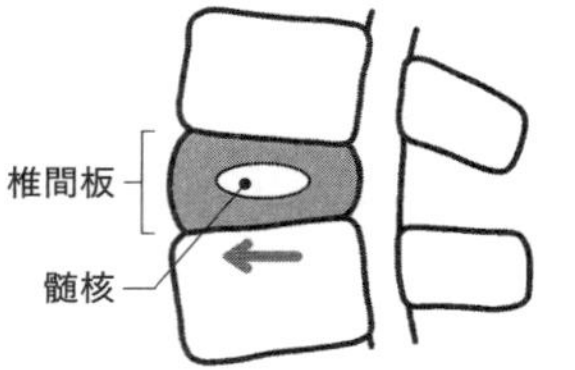


腰を反らすことで、後ろへずれた髄核が中央に戻る

**1** 足を肩幅よりやや広めに開く。

**2** 指先を下に向け、手のひらを腰骨に当てる。

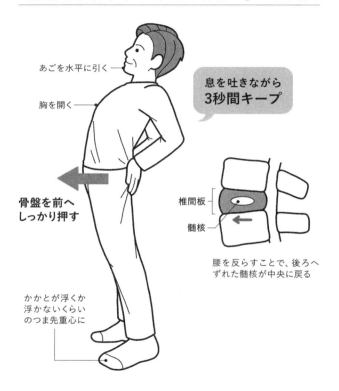

**3秒間ワンセットで**
**1〜2回を目安に**

前かがみの姿勢の後、
座りっぱなしだった
後に行うと効果的

**こんなときは**
**中止しよう!**

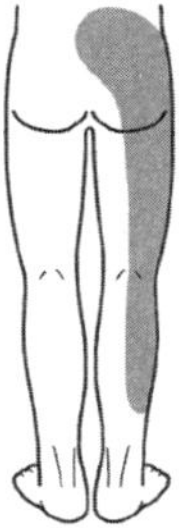

お尻から太ももにかけて痛
みを感じる場合は中止して、
医師に相談してください

**3** 両手を起点にして、腰をしっかり前に押し込むように反らせる。

**4** 息を吐きながら反らし、その姿勢を3秒キープする。

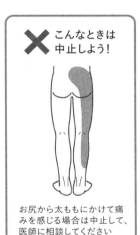

# Q95 睡眠不足だと、精力が低下するって本当？

**A 本当です。睡眠不足によって、精力低下やEDのリスクも高まります**

睡眠とセックスには、深い関係があります。

睡眠不足によって、自律神経の交感神経が活性化されると、呼吸が浅くなり、ストレスホルモンが増えるなどして、体がなかなかリラックスできません。セックスでオルガズムを得るためには、特に女性は「リラックスしているため（副交感神経が優位な状態）」ことが非常に重要です。また男性が勃起するためにも、副交感神経が優位である必要があります。つまり、睡眠不足はセックスの快感を遠ざけてしまう要因となるのです。

さらに睡眠不足によって成長ホルモンの分泌が減少すると、傷ついた血管の内壁が十分に修復されない可能性があります。これにより炎症や損傷が蓄積し、最終的に動脈硬化のリスクが高まります。動脈硬化がペニスの血管に起こると、EDを引き起こすため、睡眠不足はEDのリスク要因のひとつといえるでしょう。

しかし残念ながら、多くの日本人は十分な睡眠時間を確保できていないのが現状です。厚生労働省のデータ（＊36）によれば、30～50代の男性の場合、約4割の人が1日の平均睡眠時間が6時間未満。個人差はありますが、健康のため、そして気持ちいいセックスのためにも、1日7時間以上の睡眠を確保することを目標にしましょう。

「そうは言っても、なかなか夜に寝付けない」という方にオススメなのが、オナニーです。オナニーでオルガズムを得ると、脳から大量のオキシトシンが分泌され、不安な気持ちが低下し、緊張が緩和されます。これによりストレス解消にもつながります。また、セロトニンも分泌され、眠気と覚醒のリズムを整えるメラトニンの生成が促されます。**ストレス解消と安眠を叶える「寝る前のオナニー」は、日々取り入れたい最強の健康習慣**といえるでしょう。

## Q96 男性はお酒を飲んだほうが、性欲が増すの？

**A** お酒で性欲は増しません。理性が低下しただけです

性欲を司るのは、男性ホルモンのテストステロンですが、アルコールが直接、テストステロンの分泌を増やすわけではありません。

私たちがお酒を飲んで「ムラムラする」、「性欲が増した」と感じるのは、**脳の「前頭葉（判断力や抑制を司る部分）」の働きが鈍くなるため**です。つまり、**お酒によって性欲が増したと感じるのは、テストステロンが増えたわけではなく、アルコールの影響で理性の働きが一時的に低下しているため**です。

適量の飲酒であれば、テストステロンへの影響は少ないとされていますが、深酒をするとストレスホルモンのコルチゾールが増え、テストステロンの低下を招きます。また、感情のコントロールが利かなくなり、セクハラを起こすリスクも高まります。そのため「お酒はほどほどに」が正解といえるでしょう。

## Q97 ほとばしるような射精力を取り戻すトレーニングは？

### A 骨盤底筋を鍛える「ケーゲル体操」がオススメです

年齢とともに射精力の低下を訴える方も多いですが、射精を考える際、ポイントとなるのは「**骨盤底筋**」です。骨盤底筋は、骨盤の底部にある筋肉群で、膀胱や直腸などの臓器を下から支えています。94ページでもお話ししたように骨盤底筋は勃起を維持してくれる筋肉ですが、勢いのよい、まるでほとばしるような射精を叶えてくれるのも、この骨盤底筋のおかげです。

自力でできる骨盤底筋トレーニングに「**ケーゲル体操**」があります。これは、アメリカの産婦人科医アーノルド・ケーゲル博士が考案したものです。**ケーゲル体操は勃起や射精だけでなく、ぽっこりお腹防止や腰痛、尿失禁にも効果的**だといわれています。

## 射精力をつける「ケーゲル体操」のやり方

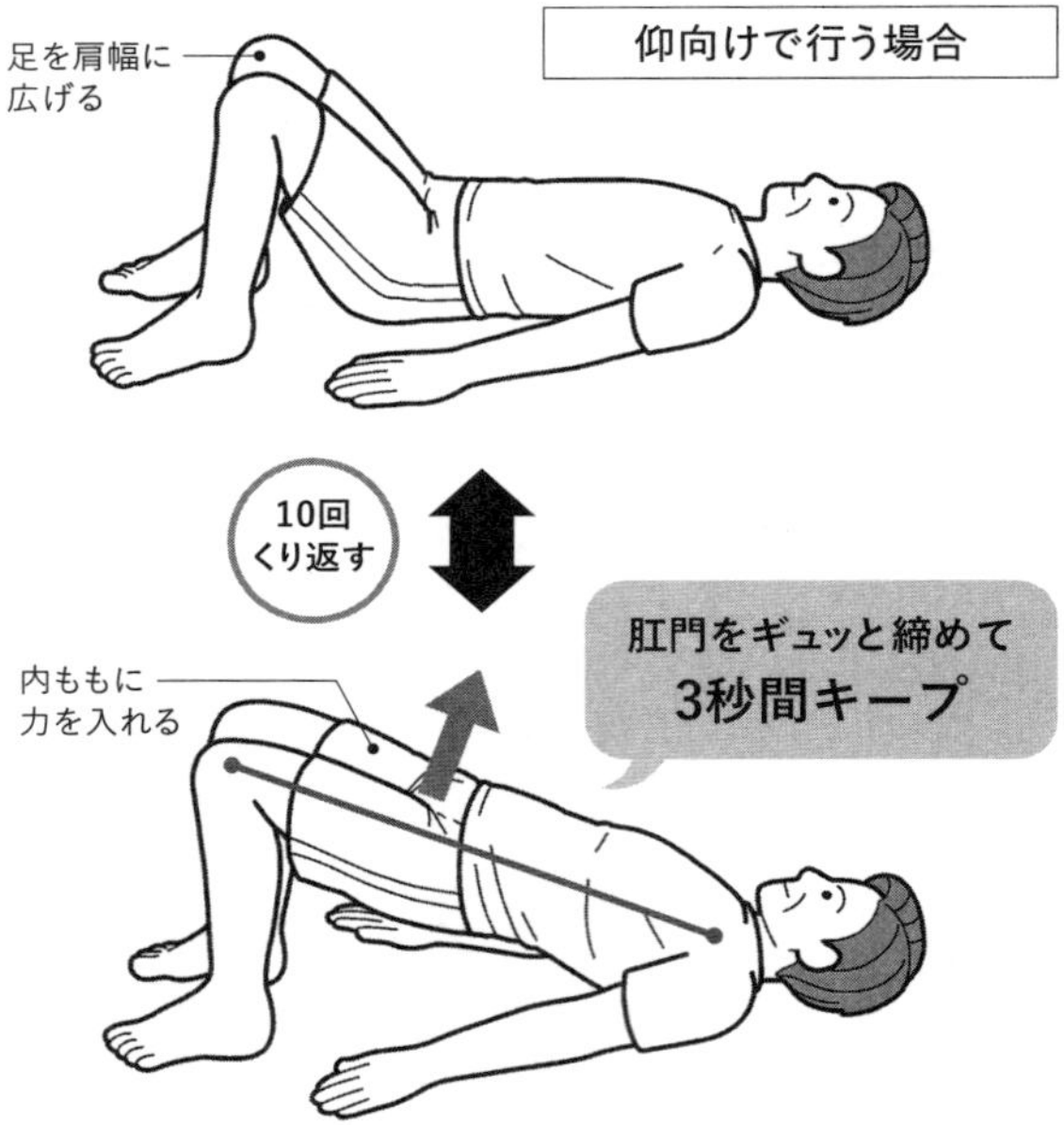
仰向けで行う場合
足を肩幅に
広げる
10回
くり返す
肛門をギュッと締めて
3秒間キープ
内ももに
力を入れる

1. 仰向けになり、足は肩幅に広げて、膝を立てる。
2. 息を吐きながら、骨盤底筋をギュッと引き締めて腰を上げる。
3. 肛門に力を入れたまま肩〜膝が一直線になるように3秒キープする。
4. ゆっくり息を吸いながら肛門をゆるめ、腰を下ろす。

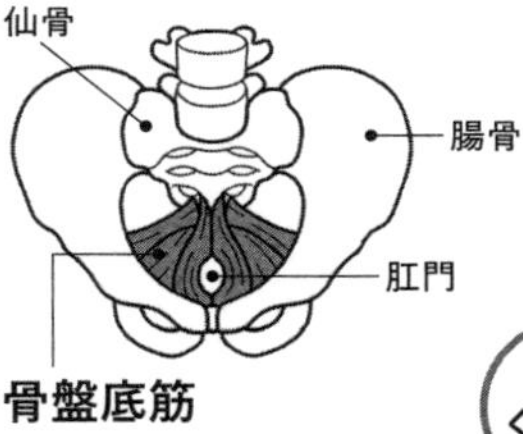


## 立った状態で行う場合

1. 足を肩幅に広げ、背筋を伸ばして立つ。
2. 両手を肩幅くらいに開き、全体重を腕にのせる。
3. 息を吐きながら、骨盤底筋をギュッと引き締める。
4. 肛門に力を入れたまま3秒キープする。
5. ゆっくり息を吸いながら肛門をゆるめる。

**※オナニーやセックスなどの前に10セット行いましょう。週3回以上行うことが推奨され、4〜6週間で効果が確認されています。**

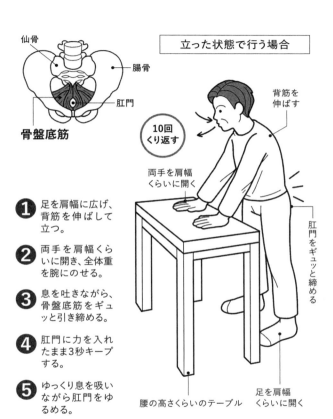

# Q 98 うなぎ、すっぽん……精のつく食べ物は高価？

**A** サーモン、ダークチョコ、アボカドは、安価で下半身に効くオススメ食材です

うなぎやすっぽん、高麗人参……「精がつく」といわれる食材は高価なイメージがありますね。しかし、手頃な価格で手に入るものもたくさんあります。

まずオススメなのが**サーモン**。サーモンにはＥＰＡやＤＨＡなどのオメガ3脂肪酸が豊富で、**血流の改善や性機能アップ**に役立つことがわかっています。

また、サーモンには良質なタンパク質もたくさん含まれており、体内で吸収されやすいのも嬉しいポイントです。サーモンのピンク色の色素である「アスタキサンチン」は抗酸化作用が強く、動脈硬化予防に効果があるといわれているので、ＥＤ対策には積極的にとりたいところですね。

次に**アボカド**です。アボカドは、ビタミンＣやＥ、Ｋなど抗酸化作用のあ

る成分が豊富。55ページで述べたように**ペニスの血管はとても細いため、抗酸化作用のある食材を積極的にとることでED予防につながります。**

また、アボカドには1日の推奨摂取量の11％ほどの食物繊維が含まれているので、血糖値コントロール、心臓病、肥満の抑制も期待できます。

さらに、血中善玉コレステロールを増やす「オレイン酸」、性ホルモンや精子の生成を助ける「亜鉛」も含まれていて、まさに栄養の宝庫といえます。

サーモンもアボカドも、どちらも火を通さずに食べられるので、ED予防には手軽な「サーモンアボカド丼」をつくってみてはいかがでしょうか。

小腹が空いたときには、**カカオ含有率が70％以上のダークチョコレート**を選びましょう。**チョコレートの苦みの主成分「テオブロミン」には血管拡張作用があり、ED予防につながります。**さらにチョコレートのフラボノイドは心臓病予防、脳機能改善、ストレス緩和、血糖値コントロール作用など嬉しい効果が盛りだくさんです。甘いチョコレートもおいしいですが、性機能維持を考えるなら、ここはほろ苦いダークチョコレートを選んでみましょう。

## Q99 セックス前に精力ドリンクを飲めばすぐ勃起する?

**A 即勃起するとはいえませんが、心理的な効果は見込めます**

コンビニやドラッグストアに行くと「精力増強!」などと銘打ったドリンクを目にすることがあるでしょう。

一般的に即効性を求めるなら、食べ物よりも飲み物が効果的です。食べ物は口からとり入れて胃腸で消化吸収するのに数十分~数時間かかりますが、飲み物は、数分以内で体に吸収されるからです。

では精力ドリンクは、「本当に」効くのでしょうか?

勃起はペニスの血管が拡張することで起こりますが、そのために必要なのが一酸化窒素です。この一酸化窒素を合成するのに必要な栄養素が「アルギニン」です。そのため、アルギニンが含まれる栄養ドリンクをセックス前に飲めば、理論的には勃起を促すことが期待できます。

しかし、**アルギニンの効果は全身に及ぶため、ペニスに特化した効果を期待するのは難しい**といえます。そのため、「ドリンクを飲んだからすぐに勃起する」といった効果を期待するのは、現実的ではありません。即効性を求めるなら、ＥＤ治療薬がもっとも効果的です。

とはいえ、「精力ドリンクはまったく効果がない」とも完全にはいい切れません。「このドリンクを飲んだから大丈夫！」と思うことで心理的な効果（いわゆる「**プラセボ効果**」）が働くからです。「やれることはすべてやった！」「もう大丈夫！」という自分への自信が最高のパフォーマンスにつながることは、セックスに限らず、私たちの人生ではよく起こることですよね。

プラセボ効果のメカニズムはまだ完全には解明されていませんが、暗示や思い込みは脳に影響を与えます。そのため**プラセボ効果は、自律神経が深く関与する勃起や射精に強く影響を及ぼすと考えられています。**

## Q 100 「亜鉛は下半身に効く」って本当？

**A** 亜鉛は男性の心強い味方！
しかし、一度に大量を摂取するのはＮＧです

健康意識の高い男性に人気なのが、亜鉛のサプリメントです。

亜鉛は私たちの体に必要な栄養素「ミネラル」のひとつ。**亜鉛は「セックスミネラル」とも呼ばれ、テストステロンや精子の生成に重要な役割を果たします。**体内で亜鉛が不足すると、性機能の低下や薄毛、皮膚炎、味覚障害が起こることもあります。

ただし、**「ここぞ！」というときに亜鉛のサプリメントを大量に摂取するのは、避けましょう。**そもそもサプリメントには即効性はありませんし、大量にとったからといって強い効果が期待できるわけではありません。

また、**亜鉛を一度に大量に摂取すると、貧血や下痢などの体調不良の要因**にもなり、セックスどころではなくなってしまうので注意が必要です。

日々の食生活で亜鉛をとることも可能です。**亜鉛が豊富な食材としては牡《か》蠣《き》が有名**で、ビタミンCやクエン酸と一緒にとると吸収がよくなります。つまり、**生牡蠣にクエン酸を多く含むレモンをキュッと搾って食べるのは、その風味だけでなく栄養面からも理にかなった食べ方**といえます。豚レバーや牛肉、ラム肉などにも亜鉛が多く含まれています。

サプリメントは用法用量を守れば「ここぞ！」というときのお守りとなります。亜鉛以外にも、**男性機能に効果的な「コエンザイムQ10」や「レスベラトロール」、動脈硬化予防に「ウコン」もオススメです。**

# 主な参考文献・資料・ウェブサイト一覧

本書で参考にした文献や資料、ウェブサイトです。
本文の該当箇所に*マークを付けています。


●P18-*1
https://doi.org/10.1093/eurjpc/zwaa011

●P19-*2
https://doi.org/10.2466/pr0.94.3.839-844

●p20-*3
https://www.tenga.co.jp/topics/16121/

●P21-*4
https://doi.org/10.1007/s00192-014-2583-7

●P22-*5
https://doi.org/10.1002/hipo.22090

●P23-*6
https://bunshun.jp/articles/-/69382

●P24-*7
https://doi.org/10.1177/0149206317698022

●P25-*8
https://doi.org/10.1001/jama.291.13.1578

●P33-*9
https://mainichi.jp/premier/health/articles/20240808/med/00m/100/011000c

●P48-*10
Whipple, B. 2005. Lecture on Sexuality in Mid-life and Beyond. Montreal: World President's Organization.

●P70-*11
https://www.mhlw.go.jp/www1/houdou/1007/h0715-2.html

●P71-＊12
https://mainichi.jp/premier/health/articles/20240531/med/00m/070/001000d

●P74-＊13
https://www.nippon-shinyaku.co.jp/file/download.php?file_id=125

●P81-＊14
https://doi.org/10.1038/ijir.2009.21

●P96- ＊15
https://tengahealthcare.com/column/537/

●P110-＊16
http://hdl.handle.net/2433/119740

●P113-＊17
https://www.hopkinsmedicine.org/health/wellness-and-prevention/is-sex-dangerous-if-you-have-heart-disease

●P115-＊18
https://pubmed.ncbi.nlm.nih.gov/27033442/

●P117-＊19
https://tengahealthcare.com/special/report/

●P126-＊20
Levin RJ. Sex and the human female reproductive tract--what really happens during and after coitus. Int J Impot Res. 1998 May;10 Suppl 1:S14-21. PMID: 9669216.

● P137-＊21
https://www.tenga.co.jp/topics/17043/

●P140-＊22
https://www.tenga.co.jp/topics-archives/2018/05/28/6295/

●p163-＊23
https://doi.org/10.1016/S0029-7844(00)00609-8

●P168-＊24
https://www.tenga.co.jp/topics/16701/

● P169-＊25
https://doi.org/10.1111/j.1743-6109.2011.02388.x

● P193-＊26
https://doi.org/10.1007/BF01542469

●P203-＊27
https://www.mhlw.go.jp/toukei/saikin/hw/eisei_houkoku/22/dl/kekka5.pdf

●P205-＊28
https://doi.org/10.1016/j.esxm.2020.07.003

●P215-＊29
https://doi.org/10.1093/jsxmed/qdad060.200

●P218-＊30
https://tengahealthcare.com/column/post-1042/

●P230-＊31
https://doi.org/10.1371/journal.pone.0133079

●P230-＊32
https://doi.org/10.1037/1524-9220.7.3.129

●P247-＊33
https://www.tenga.co.jp/topics-archives/2018/08/27/7087/

●P253-＊34
https://doi.org/10.1007/s10508-014-0305-3

●P264-＊35
https://doi.org/10.1007/s00421-006-0319-1

●P273-＊36
https://www.mhlw.go.jp/content/10900000/000687163.pdf

著者プロフィール

## 富永喜代

（とみなが・きよ）

富永ペインクリニック院長。医学博士。日本麻酔科学会指導医。1993年より聖隷浜松病院などで麻酔科医として勤務、2万人超の臨床麻酔実績を持つ。2008年愛媛県松山市に富永ペインクリニックを開業。全国から患者が集まり、性交痛外来では1万人のセックスの悩みをオンライン診断する。YouTube「女医 富永喜代の人には言えない痛み相談室」はチャンネル登録者数29.6万人、総再生回数は7000万回を超える。SNSフォロワー数は44万人。『おはよう日本』、『ホンマでっか!? TV』などテレビ出演多数。

著書に『女医が教える 死ぬまで「性」を愉しみ尽くす本』（永岡書店）、『女医が教える性のトリセツ』（KADOKAWA）、『女医が導く 60歳からのセックス』（扶桑社新書）、『女医が導く いちばんやさしいセックス』（扶桑社）など。著書累計100万部超のミリオンセラー作家。

〈SNS情報〉

- YouTube：「女医 富永喜代の人には言えない痛み相談室」
- 富永喜代公式メールマガジン
  https://tominaga-clinic.or.jp/mailmagazine_fb/
- Facebook：「富永喜代の秘密の部屋」
  https://www.facebook.com/tominagakiyo/
- TikTok：@kiyotominaga
- Instagram：@tominaga_kiyo
- Twitter：@tominaga_kiyo
- Blog：https://ameblo.jp/katakori-zutuu/

- 富永ペインクリニックHP
  https://tominaga-clinic.or.jp/

購読者特典

**本書をご購入いただいた方限定の動画プレゼント!!**

本書をご購入いただいた方に、富永喜代先生が解説するスペシャル動画『誰も教えてくれなかった『Gスポット』の真実』をプレゼントいたします。

アクセスはここから

※QRコードより動画を読み込んでご覧ください。
本特典は、予告なく内容を変更・終了する場合があります。ご了承ください。

[STAFF]
本文イラスト／平林知子
メディカルイラスト／KIP工房
本文デザイン・図版作成／横山みさと(TowThree)
装丁デザイン／金井久幸(TowThree)
編集協力／アケミン
校正／西進社

**女医だけが知っている**
**となりのSEX白書**

2025年3月10日　第1刷発行

著者　富永喜代
発行者　永岡純一
発行所　株式会社永岡書店
〒176-8518　東京都練馬区豊玉上1-7-14
代表 03(3992) 5155　編集 03(3992) 7191
DTP　センターメディア
印刷　アート印刷社
製本　コモンズデザイン・ネットワーク

ISBN978-4-522-45433-6　C0176
落丁本・乱丁本はお取り替えいたします。